幸せの日本論

日本人という謎を解く

前野隆司

角川新書

はじめに　～日本人という謎～

日本人とは何でしょうか。なぜ、日本人の振る舞いは、いつも、こうなのでしょうか。現代日本人は、「日本人とは何か」を明確にわかっているでしょうか。外国の人たちに、日本人の良さを適切に説明できるでしょうか。

私は、「日本人は、日本人とは何かについてわかっていない国民」なのではないかと思います。本来は、明確にわかっているべきなのに。特に、そのすばらしい点を、はっきりと自覚していない国民。

そこで、日本人のための実用的日本論を書きます。日本とは何か。日本人とは何か。

実用とは、つまり、自分とは何ものなのかを日本の人が明確に理解し、たとえば外国人と接したときに、「日本とはね」「日本人とはね」と話せるように、頭の中をすっきりと整理するための書、ということです。

私が書かなくても、これまでにいろんな人が書いたのではないか。

それはそうです。日本人ほど自国論が好きな国民はいないとも言われるほどです。試しに、アマゾンで「日本人」と入力して本を検索してみると……、出るわ、出るわ、いくらでもあります。

〈**肯定系**〉

『昔も今もすごいぞ日本人！』『世界を号泣させた日本人』『日本人に生まれて、まあよかった』『世界が見た日本人　もっと自信を持っていい理由』『日本人はなぜ世界から尊敬され続けるのか』『世界から絶賛される日本人』『日本人が世界に誇れる33のこと』『ディベートが苦手、だから日本人はすごい』『日本はなぜ世界でいちばん人気があるのか』『日本人にしかできない「気づかい」の習慣』『日本人はなぜ美しいのか』『だから日本は世界から尊敬される』『聖なる国、日本　欧米人が憧れた日本人の精神性』『無私の日本人』『日本人こそ見直したい、世界が恋する日本の美徳』『日本はなぜアジアの国々から愛されるのか』……。

〈**否定系**〉

『日本人はなぜ日本のことを知らないのか』『日本人はいつから働きすぎになったのか』『劣化する日本人』『日本人の9割は正しい自己紹介を知らない』『日本人を縛りつける役人の掟』『怒れ！　罠にかかった日本人』『日本人というリスク』『日本人のちょっとヘンな英語』『日本人はなぜ成熟できないのか』『世界の日本人ジョーク集』『平和ボケした日本人のため

の戦争論』『だから日本はズレている』『統計データが語る 日本人の大きな誤解』『日本劣化論』『反日プロパガンダの近現代史　なぜ日本人は騙されるのか』『マインドコントロール 日本人を騙し続ける支配者の真実』『本当はひどかった昔の日本』『リスクに背を向ける日本人』『なぜ日本人は学ばなくなったのか』……。

まだまだありますが、これくらいにしておきましょう。

面白いのは、肯定系と否定系が同じくらいあることです。日本人は、自画自賛も自虐も好きみたいですね。

さて、では、こんなにたくさんの日本論・日本人論がある中で、私は何を書こうとしているのか。

三つのコンセプトがあります。まず「システムとしての日本論」、次に「デザインとしての日本論」、最後に「実用的日本論」です。

それぞれについて説明しましょう。

まず、システムとしての日本論とは、「要するに、日本人論とは」です。今までたくさんの日本人論があったが、決定版はなかった。それはなぜなのか。決定版はありうるのか。本書は決定版になりうるのか。この問題をシステミック（全体として俯瞰的に）かつシステマティックに（詳細まで構造化して）考えていきたい、ということ。「日本人論」論を展開したいということです。

特に、世界という文脈の中での日本論、ということに注力したいと思います。これまでの日本論は、日本についてのみ論じるものが多かった。日本論だからそれでいいように思われるかもしれませんが、日本が世界の中でどの点において特殊なのか、どの点は特殊ではないのか、を明らかにするためには、世界の中での日本を相対化して論じる必要があります。ところが、国文学者は国文学、外国文学者は外国文学、東洋哲学者は東洋哲学、西洋哲学者は西洋哲学、と学問の世界は分かれているので、なかなか、西洋と東洋、海外と日本を、俯瞰的に論じた日本論はなかった。そこで、世界まで俯瞰したいということです。

丸山真男も『日本の思想』（岩波新書）の中で言っています。「自己を歴史的に位置付けるような中核あるいは座標軸に当たる思想的伝統はわが国には形成されなかった」。そういうものを形成しないことこそが日本の特徴でもあるのだと思いますが、そのことも含めて、本書では日本を歴史の中に位置付けたいと思います。

次に、デザインとしての日本論。デザインとしての日本論とは何かというと、私なりの日本論を新たに構築したい、ということです。日本論とは、分析的学問ではなく、統合的学問だと思います。

小谷野敦は『日本文化論のインチキ』（幻冬舎新書）の中で、「日本文化の本質」など存在せず、過去の日本文化論は、日本文化におかしな意味付けをしているものだらけだと言います。

半分賛成です。私も、正解としての日本論というものは存在しないと思います。見方により、あるいは、時代により変わる。しかし、だからと言って、日本論はすべてインチキとは思いません。それぞれの歴史観から、それぞれの日本論があっていい。過去の何かが再評価されたり、何か新たな視点が付け加えられたり。それが、その時代の誰かに響いたり、役に立ったりすればそれでいい。

つまり、日本論とは、正解を分析する学問ではなく、それぞれの――筆者それぞれの、そして、読者それぞれの――日本論を、各自が白いキャンバスに絵を描くように、ゼロからデザインするようなものだと考えるということです。その時代の日本人の考え方の整理に役立つために。

最後に、実用的日本論。ＧＤＰの世界占有率がじりじりと下がり、人口が減り、超高齢化が進み、社会課題が山積してどう解けばいいのかがわからない問題だらけになりつつある日本。閉塞感の時代と言われます。

私は、そうではないと言いたい。日本はこのままでいいし、自信を持っていい。もっと言えば、日本人とはこういう特性を持った人たちであり、それは欠点でも恥ずべきことでもない、それはこういう理由だ、と諸外国の人たちに胸を張って言えばいい。大げさに言えば、そのためのバイブルにしたくて本書を書いています。できれば、この日本という国に何千年にもわたって奇跡的に蓄積された知の集積について語った本書を、世界中の言語に訳して七十億人に読んでもらいたいくらいです。

肯定系と否定系の日本論・日本人論があると言いましたが、本書が目指すのは、肯定系の決定版です。しかも、ただの肯定系ではなく、否定系と肯定系の全体をシステムとして統合できるような、古くて新しいデザインの、究極の実用的肯定版。

そんな、大上段に構えたことができるのか、と言われるかもしれませんが、実を言うと、誰にもできなかったことをするつもりは全くありません。むしろ、すでに先人たちが述べてきた正統派の論点を、現代日本人のためにまとめ直す、くらいの内容です。

それが証拠に、私とは立場や専門が異なる、政治学者・思想史家の丸山真男や、心理学者の河合隼雄、哲学研究者・思想家の内田樹の表現を用います。丸山真男の「無限抱擁」「無自覚的雑居性」。河合隼雄の「中空構造」。内田樹の「日本文化には原点や祖型があるわけではなく、『日本文化とは何か』というエンドレスの問いのかたちでしか存在しない」という表現。

とはいえ、自負はあります。専門家向けというよりも、普通の人が理解して使えるような、手軽だけれども正統派の日本論にしたい。

ついでに言っておくと、「日本論なんて学問ではない」という人がいます。これも半分賛成です。すでに述べてきたように、私も日本論は分析的学問ではないと思います。しかし、学問には、統合的学問もあります。工学や、システムデザイン・マネジメント学です。専門的に日本論の詳細を深く狭くつきつめるのではなく、一般の人にわかりやすいように、これまでの日本論から考えてどんな日本論が今の日本のためにありうるのか、その全体像をシステムとしてデザインするというタイプの学問としての日本論はありうる、というのが私の立場です。専門家のための学問ではなく、みんなのための学問としての、日本論。これが本書のスタンスです。

それから、「日本人」という表現にはちょっと抵抗を感じながらも他にいい呼び方がないので使う、ということについて、ここで説明しておきたいと思います。

というのは、世の中には、日本で生まれ育ち日本の文化についてよく理解してくださっている外国人の方がおられる一方、外国育ちで日本についてあまり知らないとおっしゃる日本国籍の方もおられます。

私のまわりには、どちらもたくさんおられます。前者は日本的である一方、後者からは別の文化的バックグラウンドを強く感じる場合もあります。さらには、ハーフ、クオーターなど、日本と他の国の遺伝子を共有している方もおられます。生い立ちが複雑なために、自分のアイデンティティーの問題に悩んでおられる方もおられます。

だから、安易に「日本人は」というレッテルで議論を進めたくはないのです。そもそも、日本人は多様であり、その境界にはあいまいさがあり、たとえば「日本人は引っ込み思案だ」という表現に合致した方も合致しない方もおられます。

本書で書きたいことは、「日本という国の文化的影響を強く受けた人たちの平均像についての考察」に過ぎないというべきでしょう。ですから、日本国籍の人、という意味ではなく、「日本という国の文化的影響を強く受けた人」のことを（本来の定義とは違って）「日本人」と呼んでいる、くらいに柔軟にご理解いただければ助かります。

つまり、「日本人」という表現を使ったときには、「日本国籍の人」ではなく「日本という国の文化的影響を強く受けた人」という意味だとご理解ください。

また、あくまで平均的日本人像について述べているのだということもご理解ください。後で日本人の十の特徴について述べますし、その他にも多くの箇所で日本人とは、という記述をしますが、あくまで平均像の話です。平均から外れた人はたくさんいます。

それから、もう一つ、忘れてはならない本書の大事な軸があります。現代の科学技術に立脚した日本論にしたい、ということです。

後で出てきますが、歴史をさかのぼってみると、日本論を支える重要な柱に、神道と仏教があります。

日本には八百万《やおよろず》の神がいた、とか、人は輪廻を繰り返すが三途の川を渡るとあの世がある、のような、科学では説明できない事柄が、昔の日本にはありました。いや、現代日本にもあります。現代社会にも、神、輪廻、死後の世界、集団的無意識、運命、セレンディピティーなど、現代科学では解き明かせない不思議な事柄を信じる人たちがいます。それを否定する気はありませんが、本書は、そうではない側の立場に立ちます。現代科学では解き明かせないように思える不思議な事柄も、脳神経科学（いわゆる脳科学）などの現代科学により説明できると考えるからです。

つまり、本書では、神や天使や幽霊は人間の想像のたまもの、輪廻も死後の世界もない、幽体離脱は脳の錯覚、いわゆるユング派のいう集団的無意識や定まった運命や偶然とは思えないセレンディピティーはないと考えてもあらゆる物事は説明できる、占星術や血液型占いには科学的裏付けがない、という立場に立ちます。

これらの詳細は追々述べることにしますが、つまり、哲学、歴史学などの人文科学のみならず、心理学、理学、工学、政治学、経済学、経営学などの自然科学・社会科学も駆使した統合学術的日本論です。
では、「日本論」論または「日本人論」論を始めましょう。

前野　隆司

目次

第三章　日本は中心に無がある国

第一章　これまでの日本論・日本人論・日本文化論

二十四冊の日本論

私が述べたいことは最初から明確な前野節なのですが（だから読み終えた方は、なるほど、前野は他の著作と同じところへ行くのだな、と感じていただくことになるのだと思うのですが）、せっかく日本論を書くのだから、まずはこれまでの主要な日本論・日本人論・日本文化論をおさらいしておこう、と思い、巻末に挙げた二十四冊の本を読み返してみました。

他にも、たとえば、民族史的なものも読むべきだ、などのご指摘もあるでしょうが、著者の興味の範囲がこのあたりなのだとご理解いただければ幸いです。つまり、仏教、神道、儒教、老荘思想など、日本の文化に関連するものから、現代的なものまで。

これらの一部について、独断で概説しましょう。詳しくは触れませんので、興味のある方は原典にあたってください。

これらの本のうち、『「日本文化論」の変容』『日本文化論の系譜』『「日本人論」再考』『日本文化論のインチキ』『日本思想全史』の五冊は、自らの日本論を述べているのではなく、それまでの日本論について述べているものです。これらにも書かれていることですし、私も先ほど述べたことですが、日本論は時代の要請に応じて変遷しています。

『武士道』『茶の本』はもともと英語で書かれています。明治維新後に、日本の文化とは何かを海外に紹介するために書かれました。逆に、『菊と刀』は第二次世界大戦中に、アメリカ人が敵国日本を知るために書いたものです。一九四四年の『日本的霊性』は、禅を海外に広めた鈴木大拙が、軍部に対抗して仏教的精神性について述べたものです。いずれにせよ、戦前の日本論は、日本の特徴を明確化して伝えようとしたポジティブな印象があります。

これに対し、敗戦後の日本論には、西洋の近代的で論理的なあり方に対する自己批判的な論調が目立ちます。たとえば、丸山の『日本の思想』では、「無構造の伝統」や「無自覚的雑居性」が批判されます。『「甘え」の構造』『「縮み」志向の日本人』『中空構造日本の深層』なども、甘え、縮み志向、中空構造が、頼りなさや未熟さとして論じられる傾向にあります。『日本辺境論』も、辺境を良さとして論じている面はあるものの、そもそも辺境という言葉を充てること自体、シニカルな論じ方と言えそうです。

要するに、「はじめに」で述べたとおり、おおざっぱに言うと、日本人論には肯定系と否定系があり、歴史的な名著もどちらかに力点が置かれる傾向があります。両方を含む場合もありますが。

さらにおおざっぱに言いますと、日本の調子のいいときには肯定系、調子の悪いときには否定系が出てくる傾向もありそうです。終戦直後は日本人総反省の機運だったことが想像できますし、高度成長期やバブル期には「ジャパン・アズ・ナンバーワン」な気分にもなろうというものです。

現代は閉塞感の時代か？

では、現代はどうか。「はじめに」にも述べたように、現代日本は多くの課題を抱えていて、どちらかというと元気のない時代だと言えるかもしれません。「戦後の高度成長期→オイルショック→バブル景気→失われた二十年→リーマン・ショック」と、大きくは良い時代と悪い時代が繰り返していて、今では人口も減り始め、高齢化も進み、ずるずると悪い時代が続いているような時代と捉えるべきかもしれません。

しかし、私の専門の一つである「幸福学」から見ると、そうでもありません。拙著『幸せのメカニズム』（講談社現代新書）にも述べましたが、日本人の生活満足度は、終戦直後から現代まで、ほとんど変化していません。つまり、人々の満足は、あまり時代に左右されないようなのです。そういう意味では、現代は閉塞感の時代、などと考える必要はないのではないかと思います。

そうは言っても、人々はなんとなく今を悪い時代と捉えているように思いますので、今まさに、国民を元気づける日本人論が必要とされているのだと思います。

だから、肯定的な日本人論を書きます。

正確には、〝だから〟じゃないですね。どんな時代だろうと、私は、日本人の優れた特徴を直視して、肯定的な日本人論を書きたい。否定をすると読者には受けますが単なる否定になりがちなのに対して、肯定は責任のあるデザインだと思うからです。

ＮＨＫのスペシャル番組などを見ていると、否定も肯定もしないで終わりますよね。「結論としてこうすべきです」といった特定の意見を述べるのではなく、「この問題を、私たちはこれからも考えていかなければならない」のような、ずっしりと重い問いかけで終わる傾向があります。公共的な放送だから、特定の意見を言うべきではないという立場なのでしょう。「意見は見た人が考えてください」ということです。しかし、見る人にとっては歯切れの悪さが残ります。

一方、否定的日本論は、歯に衣着せず、「日本人はここがダメだ」とばっさばっさと切りまくります。毒があり、なんだか読んでいてキレがあって面白い。タイトルだって内容だって、はっとします。ドキッとして手に取りたくなる。だから、否定系の日本人論は後を絶たないし、いつも読まれる。

もちろん、日本論に限りません。政治も経営も技術も倫理も、あらゆる問題を否定したり、批判したりするのは簡単です。問題点を指摘すればいい。

一方、肯定は、デザインしなければならない。なぜいいのかを、体系的に述べなければならない。あらがあったら否定されますからね。

つまり、肯定と否定は、対称ではないのです。いびつな構造になっている。日本に十個いい点があったら、肯定的日本論は、十個を体系的に述べなければならない。一方、どれかに問題があったら、否定的日本論は書ける。言ってみれば、簡単に十個の否定的日本論が書けるというわけです。

感情が非対称なのと似ています。

肯定的感情は、楽しさ、うれしさ、などだけなのに、否定的感情には、悔しさ、怒り、悲しさ、ねたみ、落ち込み、などいろいろあります。いろいろな否定的感情がない単純な状態が、肯定的な状態。非対称ですよね。

私の日本論

日本論に話を戻しましょう。私は肯定的な日本論を書きたい。これは、私の日本論をデザインしたいということです。

ここまで書いても、ご批判があるのだと思います。日本論はデザインするものではない、日本論などインチキだ、批判的態度が足りない、楽観的すぎる、独善的だ、などなど。アマゾンのブックレビューを見ると、経験上、売れた本ほど、賛否両論になります。

私も、ブックレビューで私の本への否定的コメントを読むたびに、申し訳ない気分になります。買っていただいたのに、ここに強い批判を書かなければならないと感じるほど憤りを感じられたのだとしたら、申し訳ない。そのエネルギーを他に向けてくだされぱいいのに、とも思います。

ほとんどのご批判に対しては、「本の中に、ちゃんと、そうではないと書いたのに……」と、物事を伝えることの難しさに無力感を覚えます。私の本がお気に召さない方には、ブックレビューで批判する前に、ぜひ、読まないようにしていただければよかったのに、と思います。だから、はじめのほうで、どんな方に読んでいただきたいかを書いているわけです。

今のうちに言っておきますが、この本は、私が（当たり前ですが）私の視点からの日本論を書いているものです。死生観や、幸不幸や、技術システム・社会システムのデザインについて考え続けてきた私の視点から、日本論はこうあるべきという私の考えを、私なりに一般化して述べるものです。

もちろん、普遍化可能な日本論を書きたいと思って書きます。日本人が世界の中で生きる際に、日本人のいい点も悪い点も含めて、自分とは、長い日本の歴史の結果であり、これが世界の行く手に対して一つの古くて新しいやり方になっているのだと、胸を張って言っていただくための指針となるような。

ぜひ、賛同していただく方に読んで頂きたいですし、賛同いただかない方にも、一つのシステムデザインの事例として前向きにご理解いただければと思います。

第二章　日本人の十の特徴とは？

日本人は単一民族か？

そもそも日本人とは何か。もちろん、日本という国家が日本人と認めた者が日本人ですよね。では、日本人は最初からいたのか。日本民族という人々はいるのか。

様々な研究があって結論は出ていませんが、遺伝子的な研究によると、日本人は、東アジアの島々から来た人たちと、中国大陸から来た人たちと、朝鮮半島から来た人たちの混血だという考えが有力です。おおざっぱに言うと、縄文人は、縄文時代よりも前に、島々と大陸から来た人たちの混血。弥生時代になると、朝鮮半島から渡って来た人々が加わったと言われます。弥生時代に朝鮮から渡って来た人たちは、関西から日本に広がった。よって、縄文時代からいた人たちの特徴を残しているのは、関西から遠い、九州や北海道の人たち。おおざっぱに言うと、彫りの深いアイヌの人たちや九州人の多くは縄文人の特徴を今も受け継いでいて、その他の人たちは縄文人と弥生人の混血がより進んでいる、と考えるのが通説です。

つまり、ここで申し上げたいことは、日本人とは遺伝子から見ると単一民族とは言い難いということ。

ということは、日本人とは、遺伝子ではなく、文化という点で共通性を持つ民族だというほうが、数千年単位の歴史と遺伝子工学から見ると妥当でしょう。

もちろん、弥生時代以来、大量に海外から移民がやって来たことはあまりありませんから、その後はかなりの文化的均一化が進んだということはできるでしょう。とはいえ、江戸時代まではずっと身分制度がありましたし、交通の便もよくありませんでしたから、現代人が想像する以上に、いろいろな人と知り合い、結婚し、子孫を残すことの難しい時代が長く続いたと言うべきでしょう。

今のように、かなりの自由度で人が交流したり結婚したりできるようになったのは、戦後か、明治維新後くらい、つまり、日本の長い歴史から見るとほんの最近のことです。だから、日本人とは、思いのほか、多様な出自の子孫がメルティングポットとなって同じ文化を共有している存在なのだと言うべきでしょう。

一方、現代の法律で定められた日本人とは、日本国籍を持つ人です。海外で生まれ育ち、文化的基盤は日本ではないような日本人も増えています。前出のように、自分は日本人なのか、その国の人なのかと自分のアイデンティティーについて悩んでいる方もおられます。でも、日本人。一方、日本で生まれ育ち、日本人らしく振る舞うし、もちろん日本語も完璧なのに、日本人ではないという方もたくさんおられます。だから、日本人かどうかという境界はあいまいですよね。

そういうわけで、「日本人は単一民族である」という考え方には、少なくとも遺伝的には疑問を持つべきでしょう。長い人類史のうち、最近のほんの千年か二千年くらい、たまたま単一民族っぽく暮らしてきた人々、と捉えるべきでしょう。

では、なぜ日本人は、日本人らしい特徴を持っているのでしょうか。

よく言われる話に、島国だから、というのがあります。島国である日本とイギリスは似ていて、半島の国家である韓国とイタリアは似ている。大陸国家の中国とフランスは似ている。

確かに、一理ありそうです。島国の日本人とイギリス人は、どちらかというともの静かで礼儀正しくややシニカル。半島国家の韓国とイタリアの人は、情熱的で激しい。大陸国家の中国人とフランス人は、自分が世界の中心だと思っていて、よく言えばおおらか、悪く言えば自己中心的。

これらの特徴について、それらしい説明はできます。島国は海に守られているからおとなしくしていても敵の侵略にさらされにくいのに対して、半島国家は侵略されやすいからアグレッシブでいる必要がある。大陸国家の人は、世界が自分のまわりを回っていると思っているから、辺境の細かいことは気にしない。

そう説明されると、何となくそんな気もしますが、本当でしょうか。

他国のことはおいて、よく言われる日本人観について吟味してみましょう。

日本人の十の特徴

よく言われる、日本人の特徴を挙げてみます。

①日本人には裏表がある
②日本人は考えをはっきり言わない
③日本人は必要以上に謝る
④日本人は人の目を気にする
⑤日本人は決断が遅い
⑥日本人は意味もなくニコニコ笑う
⑦日本人は独立心、自尊心、自己統制感が低い
⑧日本人は外国人に対して差別をする
⑨日本人には海外コンプレックスがある
⑩日本人は日本人論が好きである

なんだか自虐的ですね。確かにこうだよねえ、と感じられる方も、不愉快に感じる方も、おられるかもしれません。

後で、これらはほとんど悪いことではないのではないかという話をしますので、どちらの

方も、しばらくお付き合いいただければ幸いです。一つずつ、どういう意味なのか、吟味してみましょう。

①日本人には裏表がある

よく言われることですが、外国人が日本人と商談をしているとき、日本人が「イエス」と言うので案を受け入れてくれたのだと思っていたら、イエスはそれについて前向きに検討するということに過ぎなかった（あるいは、そうとも理解できず、驚いた）、という話があります。

また、「根回し」について指摘されることもありますね。日本人は会議で何かを決めるのではなく、その前に裏で根回しをしていて表向きの会議は承認するだけ。だから、日本人の考えはさっぱりわからないし、日本人が行う会議の意味もわからない、というもの。

日本には「建前と本音」という表現もあります。建前と本音を使い分けることは、むしろ社会に波風を立てないために日本に根付いているようにも思えますが、これに驚き翻弄される外国の方々もおられます。

日本人だけが、特別、裏表のある国民で、他の国の人はそうではないのでしょうか。

②日本人は考えをはっきり言わない

日本人と会議をすると、日本人は黙っていて意見を言わない、と言われることもあります。その前に、まず、日本人は会議に大勢でやって来る。欧米の人は全権を委任された一人の人が会議に来ているのに、日本の会社組織は役割に分かれていて、戦略担当、調達担当、国際担当、技術担当など、担当者が大勢で来る。何か聞いても、「それは持ち帰って検討します」。それでは議論が進まないではないか。あなた自身の意見は何なのか。そう、イライラされます。

日本人の大学生に、「あなたの夢や目標は」と聞くと、そもそも夢や目標を持っていない者が少なくない（私が理工学部の学生に対して行った調査でも、約半分はそうでした）。よくそれで生きていけるものだと驚いたというアメリカ人大学生の話を聞いたこともあります。彼は、「むしろ夢や目標を持たずに生きていけること自体がすごいと思った」と驚嘆していました。

日本という国家は、何も考えなくても安心・安全に生きていけるような国家づくりをしたあげく、子供のように何も考えないままで大人になれてしまう過保護な社会をつくってしまったから、日本人ははっきりとした考えを持たないのだ、と主張される方もおられます。

本当に、そうなのでしょうか。

③日本人は必要以上に謝る

日本人は「アイアムソーリー」と言いすぎる、という話もあります。確かに、私がアメリカに住んでいた頃、アメリカ人はほとんど「ソーリー」と言わないという印象を持ちました。もちろん、その人のせいでぶつかって持っていた荷物を落としてしまった、というように、明らかに非があるときにはアメリカ人も「ソーリー」と言いますが、どちらに非があるかわからないようなときにはなかなか「ソーリー」とは言いません。

店で何か買い物をしたら不具合があったとき、その店に苦情を言ったとします。アメリカでは、そんなときにも、店の人は、「それはこういうことでは？」とあくまで説明をしたり、弁明したりして、なかなか謝りません。これは訴訟社会だからだ、とも言われますよね。一度謝ってしまうと非を認めたことになり、訴訟で不利になるから謝らないのだと。

ただし、私は、言語のニュアンスの違いもあるのではないかと思います。日本語の「すみません」は「アイアムソーリー」に訳されがちですが、むしろ「エクスキューズミー」に近いと思うのです。「エクスキューズミー」は謝っているわけではなく「ちょっとすみません」くらいの意味ですよね。

「申し訳ありません」くらいの深い謝意を「アイアムソーリー」に、「すみません」のような軽い謝意を「エクスキューズミー」に訳すと思えば、言語翻訳の問題は軽減されるのではないかと思います。

それでもまだ、日本の人は必要以上に謝るとしたら、それはどういうことなのでしょうか。

④日本人は人の目を気にする

これもよく言われることです。日本人は人の目を気にする。外国の人は、日本人ほど他人の目を気にせず、もっとマイペースである。

私がアメリカに住んでいた頃、娘は一歳、息子は五歳でした。アメリカ人の子供と比べて、うちの子供たちが特別に人の目を気にする子だとは思いませんでした。というか、乳幼児は親に依存していますから、どこの国の子も親の目を見ながら過ごしています。よって「人の目を気にするのは、民族的な遺伝的特徴なのではなく、本来誰もが持つ特徴なのであって、育成の仕方によってそれを伸ばすか伸ばさないかの違いなのだなあ」と思ったものです。

確かに、アメリカの教育では、他人の目を気にしたり、他人に依存したりしない強い個を育てることに重点が置かれます。よって、社会で育つ間に、人の目を気にしない自我が形成されるのかもしれません。オランダとデンマークの教育を見学したことがあるのですが、そこでも、他人と自分を比較せずに自分らしく育てることが強調されていました。やはり、日本と違って人と比べない教育が重視されているようです。

一方の日本はどうでしょう。よく言われるのは、日本は均一な村社会。「出る杭《くい》は打たれる」ということわざが端的に表しているように、人と違ったことをすることはよしとされない社会。小学校でも「みんな仲良く」と教えられます。だから、人の目を気にする人々の社会ができてしまったのだ、と言われます。

また、日本人はシャイだとも言われます。恥ずかしがりや。恥ずかしがりだから、人の目を気にする。

しかし、人の目を気にすることや、シャイであることは、そんなに悪いことなのでしょうか。

⑤日本人は決断が遅い

これもよく言われることですね。先ほどの、海外との交渉の際に日本人は大勢の担当者が束になってやって来るという話ともつながります。欧米の担当者は全権を持っているので、その場で決断できる。しかし、日本の担当者は皆で議論してから決めるので、なかなか決まらない。それどころか、本社の合意を得なければ、と言って持ち帰り、いろいろな部署で案件がたらい回しになったあげく、結局決まらなかったりもします。

私も、ある会社のある事業部の幹部と仕事をしていたときに、幹部の人たちに対してある提案を行ったことがあります。すると、幹部たちは、事業部長に聞かなければ決められないと言います。それでは、と事業部長に聞いてみると、なんと、それは担当の幹部に聞いてみないと決められないと言われてしまいました。事業部長と幹部たちとが、時間をかけて話し合わないと決められないのでした。結局は、長い時間の後に私の提案は受け入れられたのですが、かなりの時間がかかりました。まさに、すぐに決断ができない、いい事例だと思いました。

以上の例は、日本の組織は決断に時間がかかる構造になっている、ということなのかもしれません。では、日本人個人ではどうなのでしょうか。

これは先ほどの、日本人の大学生は夢やビジョンを持っていない、という話ともつながりそうです。大きな考え方の軸を持っていないと、なかなか自信を持って決断することができないかもしれません。日本人は、決断が遅いのではなく、決断するための考えがまとまっていない国民なのでしょうか。

⑥日本人は意味もなくニコニコ笑う

「ジャパニーズスマイル」という言葉があります。日本人特有の微笑みのことで、悲しいとき、あきらめたとき、怒っているとき、恥ずかしいときなど、大きな負の感情を持ったときの、照れ笑いのような微笑みを指すと言われます。にやにや、へらへらした笑いでしょうか。これが海外の人には理解されず、トラブルの元になることもあると言われます。しかし、「ジャパニーズスマイル」という言葉自体を以前よりは聞かなくなりましたので、最近の日本人はあまり「ジャパニーズスマイル」をしなくなったのかもしれません。

負の感情を中和し、ポジティブでいるための処方箋として、笑顔でいることは悪くないことのようにも思えますが、なぜ、日本人だけが謎の微笑みを持っているのでしょうか。あるいは、本当に、日本人だけの現象なのでしょうか。

逆に、日本人は愛想が悪い、という評判もあります。海外旅行の日本人団体ツアーでは、欧米のマナーを無視した愛想の悪い日本人に驚くという声も聞かれます。

欧米では、たとえば洋服や雑貨の店に入ると、店員に軽く挨拶したり、店員に話しかけられたら軽く会話を交わすことが普通です。しかし、それを無視してずんずん店の中に入っていき、ずんずん出て行く日本人団体観光客たち。これには、語学の壁も関係していそうです。団体ツアーの日本人の中には英語等の外国語がほとんどできない、という人も少なくないので、話しかけられてもわからない、わからないことが恥ずかしい、だから無視してずんずん進む、あるいは、前に書いた照れ笑いをしながら進んでいく、ということになるのかもしれません。簡単な会話くらいはマスターして、スムーズにコミュニケーションしたいものですね。

しかし、本当に、日本人は愛想が悪いのでしょうか。それとも、先ほど述べたように、謎の微笑みを見せる国民なのでしょうか。

⑦日本人は独立心、自尊心、自己統制感が低い

「独立心」とは、他人に依存せずに自立しようとする心。「自尊心」とは、自分の人格を大切にしたり、自分の思想や言動などに自信を持ったりする心。「自己統制感」とは、自分を律していると感じる心。日本人はこれらが弱いと言われがちです。つまり、日本人は、他人に依存しがち、自分の明確な主張が弱い、流されやすい、などなど。つまり、日本人は、はっきりとした自分を持っていない、というもの。

①の日本人には裏表がある、②の日本人は考えをはっきり言わない、④の日本人は人の目を気にする、⑤日本人は決断が遅い、あたりとも関係していそうです。つまり、考えが明確でないから裏になったり表になったりする（①）、そもそも考えがはっきりしていないから考えをはっきり言えない（②）、自分に自信がないから人の目が気になってしまう（④）、考えがはっきりしないからなかなか決断できない（⑤）、というわけです。

前にも述べたように、日本は、自分の考えを持っていなくても大人になれてしまう安全・

安心社会であり、それが考えなくてもいい社会を助長していると言えるかもしれません。

よく言われるのは、戦前の日本には良いか悪いかは別として神国日本というような俯瞰的価値観があったのに、戦後の日本ではそれが失われてしまった、ということ。このため、小学校から大学までの勉強も、部分ばかり。そもそも、なぜ何のためにやるのかを誰も教えず、みんな何をどのようにやるかを学び考える風潮。

そんな戦後の教育のせいで、日本人の独立心、自尊心、自己統制感は低くなってしまったのでしょうか。

⑧日本人は外国人に対して差別をする

最近は減ってきたと思いますが、「外人さんお断り」という店が昔は少なからずありました。アパートなどの賃貸契約にもありました。外国人差別です。

日本人は、知り合ったばかりの頃はフレンドリーだが、深く知り合ってみると距離を感じる、という外国人の方もおられます。そして、深く知り合ったにもかかわらず日本人と同じように扱われないことに、差別意識を感じる方も少なくないようです。

しかし、皆さんお気づきのように、これらの原因の大半は、差別意識ではなく、むしろ気後れ感のようなものなのではないかと思います。たとえば、「私は英語がしゃべれないから」という理由で、会話が続かないのではないかと心配だったり、相手の方に無駄な時間をとらせてしまっては申し訳ないという気遣いだったりします。

また、文化が違うと、会話の仕方も生活習慣も違います。それに対して、「空気の読み方が違ってどうしていいかわからない」のような戸惑いが、日本人側にはあるように思います。

しかし、そうだったとしても、外国の方に差別されたと感じさせてしまっているとすると、改善の余地が残されていると言うべきでしょう。

⑨日本人には海外コンプレックスがある

これも、よく言われることですね。

まず、英語が苦手。日本人は、数ある国家の中でも、かなり英語が苦手な国民であることが知られています。

②に「日本人は考えをはっきり言わない」というのがありましたが、英語になるとさらにそうですよね。欧米のビジネススクールに入学したが、ディスカッションで置いていかれて悔しい想いをした、という話をよく聞きます。

⑥の「日本人は意味もなくニコニコ笑う」も、英語がわからないから笑っているしかない、というのもありそうです。国際会議の夕食会には、ジョークがよくわからないからただジャ

パニーズスマイルを続ける日本人の姿があります。あるいは、日本人だけでテーブルを囲み、日本語で話す日本人。

⑧の気後れ感も関係していそうです。英語が苦手なので、外国人とどのように接すればいいのかわからない。

とはいえ、私が子供だった頃よりも、現在のほうが、日本人の英語力はかなり改善されているように思います。

コンプレックス、他にもありますね。

欧米人は体格が大きくかっこいい。顔も、欧米人は彫りが深くてかっこいい。それに引き換え、日本人は背が低く顔ものっぺり。日本女性は欧米人にモテますが、男性はあまりモテません。明らかに、西洋人男性と東洋人女性のカップルのほうが、逆のカップルよりも多いですよね。

欧米の人のほうが堂々と自信に満ちているように見えるとか、レディーファーストな気遣いがかっこいいとか、家や城や町がおしゃれで美しいとか、ファッションや家具や車や様々な製品のデザインがあか抜けているとか、挙げてみると欧米コンプレックスの事例はいくらでもありそうです。

逆に、アジアに対しては、優越感のようなものがあるかもしれません。それが差別意識になっていたとすると、⑧の差別につながりそうです。つまり、⑧と⑨は裏返しなのかもしれません。

⑩日本人は日本人論が好きである

本書の冒頭でも述べましたように、日本人は日本人論が好きです。ポジティブなものも、ネガティブなものも含めて。他国はどうなのでしょう。詳細は調べてみないとわかりませんが、他国人による自国人論は、日本ほどは多くないと言われています。

たとえば、ノーベル文学賞を受賞したアメリカの作家、ジョン・スタインベックによるエッセイ『アメリカとアメリカ人』（平凡社ライブラリー）などはありますが、アメリカ人によるアメリカ人論はさほど多くないようです。また、孫隆基は『中國文化的深層結構』（花千樹出版）で、日本人が「日本人論」を盛んに行う理由は、自分が特異ではないか、自分が不正常ではないか、という関心や、「不安全感」と「うぬぼれ（自大感）」の間にあって、外から見られることに過度に敏感になっているからだ、と述べています。

詳細な調査を行わなければ、諸外国の自国論がどれくらいあるのか、正確にはわからないものの、少なくとも日本人による日本人論が少なくないことは確かでしょう。孫氏の言うように、不安とうぬぼれもあるかもしれませんし、⑨で述べたような海外コンプレックスの裏返しもあるのかもしれませんが、そもそも日本人とは何かが明確化しにくいからであるかもしれません。

では、なぜ日本人論の決定版はないのでしょう。

日本人の十の特徴は悪い特徴か？

日本人の十の特徴について述べてきましたが、これらは、あくまで、一般的に日本人が漠然と感じていると思われる日本人の特徴です。学術的に検証されたものではないため、本当に、世界の人々の中で、日本人だけが特に強く持っている特徴なのかどうかについては議論の分かれるところでしょう。

「これらはイギリス人の特徴だと言っても、イギリス人は納得するだろう」とおっしゃる方もおられました。先ほど述べたように、イギリスは島国仲間ですし、確かにそういう面はあるかもしれません。

厳密には詳細を調べないと何とも言えないでしょうが、海外に住んだことのある方など、外国人と日本人の違いを具体的に感じたことのある方でしたら、それなりの納得感を持っていただけたのではないかと思います。

これらはすべてネガティブな特徴のように書かれていますが、ポジティブな特徴だってあるのではないか、という疑問を持たれた方も少なくないかもしれません。私もそう思います。実は、私は、これらの十の特徴は、日本人の悪いところではなく、むしろ、日本人の良さとして誇るべきところなのではないかと思っています。その説明は後で述べるとして、その前に、日本人の本質的な特徴とは何か、本書の結論でもあり根幹でもある点を述べようと思います。

第三章　日本は中心に無がある国

図1　アメリカと日本の中心には何があるか

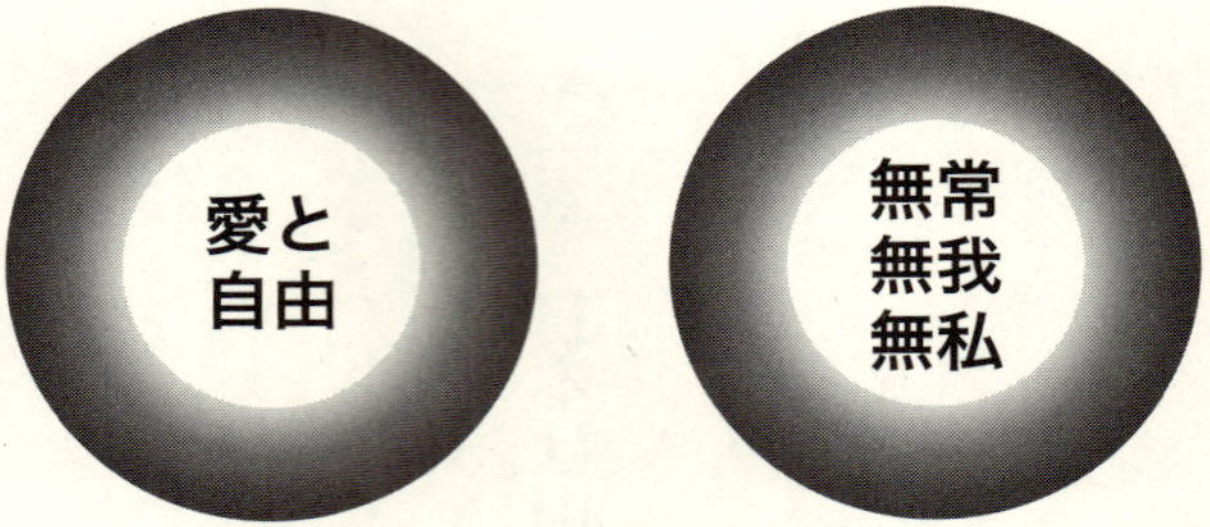

アメリカの中心には
愛と自由がある

日本の中心には何もない。
強いて言えば無がある

日本は無限抱擁の国

結論から言うと、「日本人は、中心に『無』がある文化を持っていて、どんな新しいことも矛盾なく受け入れ、やがて日本化する」ということではないかと思います。

これを、前に述べました丸山真男の言葉で言うと、「無限抱擁」と「無自覚的雑居」の国。河合隼雄の言葉で言うと、「中空構造」。内田樹によると、「日本文化には原点や祖型があるわけではなく、『日本文化とは何か』というエンドレスの問いのかたちでしか存在しない」ということになります。

もう少し詳しく述べましょう。

イメージ図を図1に示します。

左側を見てください。アメリカの中心には愛と自由があります。アメリカの宗教は基本的にはキリスト教。キリスト教は愛の宗教です。汝の隣人も敵も愛せよ。そして、アメリカは自由の国。アメリカは自由のために戦う国。アメリカ人はそう思っています。つまり、アメリカという国は、愛と自由というコアを持っていて、それを皆が共有しているから、一致団結しています。

国にも、企業にも、その他の組織にも、中心となる理念がありますよね。アメリカの場合は、それが、愛と自由なのです。

これに対して、日本はというと、なんと、コアがないのではないか。いや、コアはある。しかし、そのコアの中を覗いてみると、何も入っていない。何もないわけがない、とよく見てみると、無常、無我、無私といった、なんだか、あるのだかないのだかわからないような、「無」のつく言葉が入っている、というわけです。

いやいや、そんなの、納得がいかない、「無がある」と「何もない」は論理的には同じ意味だ。だから「何もない」を「無がある」にすり替えるのは詭弁だ。そう思われる方もおられるかもしれません。第四章で、論理を超えた論理（これも一見矛盾ですね）がありうることについて述べながら、「無がある」と「何もない」の違いについても説明しようと思います。

確かに無常、無我、無私という言葉は知っているが、それが日本の中心にあるなんて、合意していない。アメリカ人は、「愛と自由」が中心にあるとはっきり自覚している人たちだ。一方の我々は、「無常、無我、無私」が中心だなんて、どこでも習っていないし、自覚もしていない。だから、そんな、合意もしていないことが中心にあるなんて、おかしいではないか。

そのとおりです。そのように、みんなが合意していないことも含めて、日本の中心は「無」だと思うのです。

いやいや、日本の中心には、武士道や大和魂といったような勇ましい精神があるではないか。無とは何だ。ばかにするな。そんなふぬけではない。そんな反論もありそうです。

いえいえ、無とは、ふぬけということではありません。後で述べますが、武士道の精神は、まさに、無常、無我、無私の精神に支えられている。無欲で無心。だからこそ、強いのです。そのような強さの根源という意味も込めて、無だと思うのです。

では、無常、無我、無私とはなんでしょう。詳しくは第五章で述べますが、ざっと意味を考えてみましょう。

無常・無我・無私とは何か?

無常とは、諸行無常。すべてのことは移ろいゆく。水の流れのように。だから、常に正しいものはないし、常に栄えるものもない。

無我とは、仏教の諸法無我。すべての物事の原因は、自分ではない。もしくは、実体がない。

無私とは、私心を捨てた献身の心。武士道や儒教における主君や上司に仕えるときの心がけの場合もあるでしょうし、現代日本の道徳観にもつながります。

いずれにせよ、アメリカでいう愛と自由のような、中心的なスローガンはむしろなくて、物事は移ろいゆくし、自分もない、私心もない、つまり、中心がない。中心がないことこそ、よしとする、ということです。

そして、中心がないから、何でも受け入れられる。

たとえば、中心に愛と自由があったら、それに反するものは受け入れられません。自由の国アメリカから見ると、人権、つまり自由を侵害する国や組織は敵です。

これに対して、中心的思想がない（または中心的思想が「無」である）ならば、なんでも受け入れられます。いやいや、無の反対は有なので、中心が無だったら、あらゆる「有」は受け入れられないことになってしまうではないか。そうお思いの方もおられるかもしれませんが、そうではありません。すべての物事を「無」として理解しよう、というのが思想の中心なので、すべての物事を受け入れられる、ということなのです。

つまり、あらゆる物事を無限に包容し抱擁する。

丸山真男は、西欧化の進む戦後日本にあって、無限抱擁性や無自覚的雑居性という言葉を、どちらかというと日本人の問題点として挙げました。つまり、日本人はなんでもかんでも無限に抱擁するかのように受け入れ、そのまま無自覚に雑居させようとする。もっと、近代以後の西洋人が行うように、真偽や正誤を明確に判断し、論理的に採否を判断すべきだ。もっと日本人は近代西洋流に合理的になるべきだ。丸山の『日本の思想』(岩波新書)からは、そのような丸山の考えが読み取れます。

これに対して、私はあえて肯定的な意味でこれらの言葉を使いたいと思います。

日本人は何でも無限に抱擁するかのように受け入れ、無自覚的に雑居させることができる。近代化以来、日本人も行ってきた、真偽や正誤を明確に判断し、論理的に採否を判断するやり方、つまり、近代西洋流の合理主義も、産業や経済の発展のためにはいいように見えるが、合理的で分析的なやり方のアンチテーゼとして、真偽も正誤もなくすべてを受け入れる無限抱擁性・無自覚的雑居性を併せ持っていることこそが、日本人の優れた特徴なのではないか。もっと言うと、これこそが、現代が求めている未来的な思想なのではないか。そう思うのです。

日本は、古来、仏教や、儒教や、漢字を輸入してきましたが、それらをただ受け入れるのではなく、ひらがな文化や武士道といった日本流の形に変化させてきました。近代以降も、欧米の文化を受け入れてきましたが、これをこれから日本流に昇華する時代なのではないかと思うのです。それができるのは、中心に「無」があることによる無限抱擁性。ふところの無限の広さです。そして、一度どんなものでも取り入れてみるからこそ、新たなものが生まれる雑居性。無限の可能性です。

中心に愛や自由があったほうがいいように思われる方もおられるかもしれませんが、その場合には、自分たちが考える愛や自由以外の形の愛や自由を受け入れられない可能性があります。中心が「無」である場合にのみ、あらゆるものに対して無邪気に好奇心を抱き、何でも受け入れて自分化できるのです。

日本は中空構造の国

ユング心理学者、河合隼雄の「中空構造」も、丸山同様でした。古事記の神話を起点にしながら、この中空をなんとかすべきだ、真ん中に意味のある理念をぎっしりと詰め込むべきだ、という主張をしています。

たとえば、「日本的中空構造のマイナス面を示すものの一つとして、現在の若者たちを把えている無力感、無気力などをあげることができる」「その中核には結局何をしても『意味がない』『どういうことはない』という底のない空虚感が存在しているのである。彼らを『正常』に戻すために、人生の目標や生き甲斐とやらを与えてやろうとする幸福な人は、底知れない空虚な冷笑の前にたじろぐことになるであろう」とあります（『中空構造日本の深層』中公文庫）。

これを読むと、確かに、今の若者は無力感と無気力に蝕まれたさとり世代だ、と言いたくなりますが、実は、『中空構造日本の深層』が書かれたのは一九八二年。私が二十歳の頃のことです。つまり、河合隼雄がいう若者とは、私の世代のことなんです。いつの日も日本の若者は、「中空構造」なのかもしれません。

しかし、私は「中空構造」を再び良い意味で捉えようと思います。日本の中空構造はすばらしい。真ん中が「無」だからこそ、対立のない真の調和に向かえるのです。真ん中が「無」であることを思想の欠如と嘆くのではなく、そうであるからこそあらゆる思想や思考に対して中立に寛容でありうるし、バランス感覚を発揮してサステナブル（持続可能）な世界の構築に貢献できると考えるべきではないかと思うのです。

内田樹の「日本文化には原点や祖型があるわけではなく、『日本文化とは何か』というエンドレスの問いのかたちでしか存在しない」という言葉も、同じように理解できます。原点や祖型がない、とは中空であることと等価です。だから、日本文化とは何かといくら問うても、答えは出ません。中心は何かと覗いてみたら、真っ暗な「無」しか見えないのですから。だからみんな問い続ける。いくら問うても答えが出ないから、どんどん日本論が出てくる。ブラックホールみたいですね。どんなものも飲み込んでしまう「無」。ただし、ブラックホールとは違って、すべてを飲み込んで外には何も出てこないのではありません。ここが日本文化の面白いところなのですが、中心に「無」があるからこそ、その周辺に豊かなものが出てくる。無限に出てくる。そこが、日本文化の永遠の強みなのだと思います。

中心に「無」がある、というのは、近代以降の合理的な考え方から見ると特殊でへんてこな考え方に見えるかもしれません。しかし、そもそも、合理主義的な考え方が出てくる前まで歴史をさかのぼると、さほど特殊な考え方ではないのではないかと思います。いや、むしろ主流だったと言ってもいいでしょう。

詳細は後述しますが、紀元前五世紀頃の、ソクラテス、ブッダ、老子などが活躍した時代までは、中心が「無」である考え方はむしろ普通だった。そしてそれが、二千五百年にわたって生きながらえてきたのが、日本である。しかも、日本は、新しいものを受け入れつつも、古いものをずっと維持してきた。つまり、極めてサステナブルな国である。だから、この普遍性に、現代社会は学ぶべきである。二千五百年にわたって合理主義に舵を切りすぎた世界は、もっと日本の無限抱擁性や中空構造に学ぶべきである。これが、本書の主張です。

何でも日本化する日本

いかがでしょうか。日本人は、中心に「無」がある精神構造を持っていて、どんな新しいことも矛盾なく受け入れ、やがて日本化できるということ、そしてそれは、合理主義的な世界観のアンチテーゼとして、今後の世界にとって最も必要な世界観の一つである、ということについて（の概略を）述べてきました。詳しい説明ははしょりながら、とにかく結論を述べました。

ここまでで、すでに、「なるほど」とご理解くださった方はこれから第五章までの詳細説明をお読みいただく必要がないかもしれません。一方、これまでの話に論理の飛躍を感じられた方は、これから、なぜ日本は中空国家であり無限抱擁国家であるのか、また、これらはどのように形成されたのか、について、世界の歴史（第四章）と日本の歴史（第五章）を見ていきますので、お読みいただければ幸いです。

その前に、第四章のはじめに、この話の前提条件としてぜひともご理解いただきたい、論理・合理・近代とは何か、について述べます。

第四章　東洋と西洋の二千五百年を俯瞰する

論理・合理・近代とは何か？

先ほども少し述べましたが、現代に生きる私たちは、当然ながら、現代的世界観に影響されがちです。その一つが、論理至上主義です。もちろん、科学や哲学の最先端では、「現代的イコール論理的」ということが合意されているわけではないのですが、そのあたりも含めて、論理とは何か、合理的とは何か、近代と現代とは何なのか、について述べたいと思います。

しばらく日本論を離れますが、まさに、日本の特徴や有効な点を論じるために、日本を離れることが重要だからこそ離れたいと思います。多くの日本論は日本内部の詳細の観察に基づきがちですが、そうすると、世界の中で日本をどこに置くかという俯瞰的な視点からの議論ができません。そうならないために、まず、論理とは何かについて論じます。

この議論は、世界をシステムとして論じた、拙著『思考脳力のつくり方』（角川ｏｎｅテーマ21）でも述べましたので、詳しくはそちらを参照ください。

一言で言うと、述べたいことは、「論理は完全ではなく、むしろ世界の本質を厳密に記述するには不完全なものである。しかし、部分的ないろいろな事柄を記述するには便利なものである」ということです。

この、本質と部分というところがみそです。ここを勘違いすると、大間違いをすることになります。つまり、論理は、全体的本質の記述には向かないが、部分を正確に記述するには向いている、ということです。なのに、もしかしたら論理は全体的本質も記述できてしまうのではないか、と勘違いしてしまったのが、西洋でデカルト、ニュートン、カントらが活躍した近代。その話は後で述べることにして、今は論理について述べましょう。

論理の限界について述べるには、東洋では「即非の論理」、古代西洋では「弁証法」、近代以降では「素粒子論」「複雑系の科学」「脳神経科学」を挙げるとわかりやすいと思います。そこで、これらを交えながら、私の世界観を述べたいと思います。

紀元前五世紀の世界とは？

世界について論じるとき、先ほども述べましたが、今から二千五百年前、紀元前五世紀がキーになります。紀元前五世紀は、ソクラテス、ブッダ、老子、荘子、孔子などが生きたといわれる時代です。

ヤスパースは、このような紀元前五世紀の同時多発的思想爆発を枢軸時代と呼びました。

それまでの世界は、多神教の世界でした。ギリシャ神話（発祥は紀元前十五世紀にまでさかのぼるといわれます）は有名ですが、世界中に多神教の伝説があります。もちろん、日本の神話も多神教です。紀元前五世紀に日本の神話が成立していたかどうかは不明ですが、

『古事記』や『日本書紀』に出てくる神話の中では、紀元前五世紀頃の日本は神の時代だったことになっています。

そこに、ソクラテス、ブッダ、老子、荘子が現れました。ソクラテスのみ西洋ですが、ここは歴史の分かれ目です。ソクラテスなどのギリシャ哲学者も、仏教のブッダも、老子、荘子をはじめとする中国の諸子百家も、従来の妄信的な原始的宗教から脱しようとしたと考えられています。

ソクラテスは、「無知の知」で有名です。「あなたがどれだけのことを知っていると言ったとしても、それには限界がある。一方、私は、あなたとは違って、あなたが知っていると思っていることを私は知らないということを知っている。その点において、私はあなたよりも知っている」という論じ方で対話を行った人です。何らかの事象についての知識があるかないかという立場を超えて、その知識があるかないかと判断していること自体を問題の対象としています。

悪く言うと、問題をメタに（上から）見ることによって、問題をすり替えています。ある問題について、明確に定義されたその枠の範囲において論じるのではなく、その枠組み自体について議論しているからです。

なぜ山に登るのか。そこに山があるからだ、と言うのと似ています。なぜ山に登るのか、という問いは、山に登ること自体の目的を問うています。それなのに、それに答えず、そこに山があるから、というのは全く答えになっていません。山があるから、その頂上を見上げていると、登山好きの自分の闘争本能がかき立てられ、闘志が燃えた結果、いても立ってもいられなくなって、登るのだ、というのなら、まだ、論理としてはわかります。しかし、これでも、本来の問いは山に登ることの客観的な理由を問いたかったのだと想定すると、それが登山好きな人の主観的な想いの話にすり替えられているため、枠をはみ出していて不完全ですね。

仏教の創始者、ブッダの論理も少し似ています。仏教の論理として知られている「即非の論理」のわかりやすい例は、「山は山にあらず、故に山なり」。AはAではない、故にAである。これは、論理的におかしいですよね。

同時期に生きた老荘思想の荘子の言葉も似ています。「タオ（道）とはすべてでありゼロである」。これも意味がわかりませんよね。

このように、紀元前五世紀くらいまでは論理が不明確だったから、それを明確化した、というのがそれからの西洋のやり方でした。ソクラテスの弟子のプラトン、プラトンの弟子のアリストテレスと、西洋流は発展します。そして、長い時を経た後の近代（十八〜十九世紀頃）になると、産業革命や資本主義の発展に伴い、そんな「合理」的なやり方が急加速します。つまり、近代的な合理主義は、近代的な論理体系の産物です。

私の主張は、このような、紀元前五世紀までは東洋にも西洋にも見られた、「現代的な論理学を超えた論理体系」こそが本質的なので、そこに戻ることを検討すべきではないか、ということです。この話は、私だけが考えていることではなく、ポストモダン哲学からも、素粒子論からも、複雑系の科学からも、導かれる帰結だと私は考えます。その話は後ですることにして、なぜ紀元前五世紀に西洋と東洋が枝分かれしてしまったのかについて述べましょう。


いいえ、その前に、ソクラテス、ブッダ、荘子の論理の関係について解説をしたほうがいいですね。なにしろ、謎のままでは受け入れがたいでしょうから。

ソクラテスの無知の知については、すでに述べました。ある枠内の論理を超越した論理を持ち込んだということでした。知識ということ自体をメタに考えると、知識の内容自体ではなく、知識を持っているかどうかということ自体が議論の対象になるということです。

ブッダの（というか、日本の禅宗でよく使われる論理である）「山は山にあらず、故に山なり」を見てみましょう。この意味は以下のとおりです。

山は、もともと、山という名前のある実態ではなかった。単なる隆起であった。しかし、名前がないと区別のしようもないので、誰かが山と名付けた。だから、隆起した土地を山と呼んでいるに過ぎない。だからこそ、名付けられた結果として、山という名称と対応しているのだ。

山という定義の内部の事柄、すなわち、山にはどんな山があり、どんな特徴がある、といった細部について論じるのではなく、そもそも、山とはなんであるかをメタに見るところが、無知の知の場合と同様です。

老荘思想も同様です。タオとはすべてでありゼロである。すべてイコールゼロ、というのは一般的な論理では理解不可能ですが、見方によってはすべてに見えるものが、別の見方によってはゼロにも見えるでしょう、という言い方をすれば、それは矛盾ではありませんよね。

図2　太極図

老荘思想から発展して宗教となった道教のシンボル、太極図(図2参照)も似ています。陰と陽は反意語として捉えられるのではなく、互いに支え合う表と裏となっています。陰か陽かという二項対立図式を超えて、一つ上の視点から物事を見ようとしているという点で、これまでの例と同じ論理構造をしています。

ヘーゲルの「弁証法」も似ています。ある命題を正とすると、それへのアンチテーゼが反。これらを一つ上の視点から見て、両者を包み込む答えを見つけるのが合。あわせて正反合と言われます。ヘーゲルは十八～十九世紀の人ですが、その弁証法の元となったのは、ソクラテス、プラトン、アリストテレスの哲学が展開された紀元前五世紀頃のことといわれています。

メタ思考と分解思考

つまり、西洋でも東洋でも、何かを論じているときに、その一つ上のメタな視点に上がることは、紀元前五世紀頃までは自然に行われていたのではないかと思うのです。

ところが、その後、視点を勝手に上げ下げすべきではないと考えられるようになって、近代型の論理が整備されていきました。いわゆる「分析」的な考え方です。つまり、問題の境界を決めて、その外や上に勝手に出ることはしないと合意します。そして、その枠の中だけで、対立図式を見つけ、正誤、真偽、表裏、内外などを決めていきます。

現代の私たちは、(特に理系の科目を中心に) このような分析的なやり方に基づいた教育を受けていて、それが身についているので、論理的な考え方とは、当然、このような分析に基づくやり方であると感じます。

「リンゴが三個あります。これを、太郎君と花子さんが均等に分けるにはどうすればいいでしょう」の正解は、一個半ずつ分ける、です。一つをお母さんが食べて、三人とも一つずつで、めでたし、めでたし、というのは問題の前提を崩すので、反則です。しかし、実際には、よくありますよね。一個は明日食べようとか、二個はおじいちゃんのうちに持っていこうとか、いろいろなメタ的解決バージョンがありえます。

このような、枠の中の議論と、枠の外の議論の混在が、昔はありました。こう書くと、それらを明確に分離した近代以降のやり方のほうがすっきりしていていいではないか、という気がするかもしれません。確かに、枠の中の議論は枠の中の議論、枠の外の議論は枠の外の議論、と分けたほうが、物事を整理して理解できるので、科学技術や産業の発展には適しています。

だから、そのやり方をうまく使った西洋が大発展したのが、近代です。ご存知、産業革命以来、欧米の科学技術や産業は目覚ましい発展を遂げ、そのやり方に学んだ東洋も発展しました。

もちろん、西洋に、キリスト教、イスラム教などの一神教が栄えているのも、大局的に見ると同じ文脈です。一神教は、一人の神を信じるか否か、二者択一です。二者択一的な世界観は、近代西洋流の分析的世界観につながっています。

つまり、もう一度まとめると、多神教的世界観が主流だった頃には、西洋にも東洋にも、枠の中の物事を二項対立図式で捉える分析的思考と、自由に枠の外にも出てそもそもその枠の意味を問う全体統合的思考が混在していました。それではいかんだろう、と枠内の分析と枠外の話を分けて論じることにしたのが近代西洋型の思考、昔の考え方がそのまま残ったのが東洋、と言えます。おおざっぱに言うと。よって、現代人から見ると、紀元前五世紀までのやり方は、近代的ではない、古く原始的な考え方だった、というふうに見えてもおかしくないでしょう。

確かに、枠の中と外、主観と客観、正解と間違い、禅と悪などを生前と分ける近代合理思考は、古い考え方よりも優れているようにも感じられますが、その限界を明らかにする現代科学とは何なのでしょうか。

現代科学は近代の限界を明らかにする

現代になると、近代的な考え方の限界がいろいろな面から明らかになってきます。「素粒子論」「複雑系の科学」「脳神経科学」などです。

それぞれについて述べましょう。

まず、素粒子論。

素粒子論によると、現象に対する観測者の影響は無視できません。主観と客観、実験者と実験対象を分けることは本質的には無意味であり、分けるという近代的なやり方は、ある状況下で使えるやり方に過ぎなかったことがわかってきたのです。もちろん、日常生活や仕事の多くの場では、これまでどおり、分析的なやり方を使っても問題ない（どころか、極めてパワフルである）のですが。ただ、本質的、根源的には、近代型のやり方は正解ではなく、むしろ近似に過ぎないということです。

わかりやすい例が、ニュートン力学です。ニュートンの運動方程式「F＝ma」は、近代には、絶対的な正解だと思われていました。しかし、現代では、単なる近似式であることが知られています。物体の速度が、光速に比べて十分に小さいときに成り立つ近似式です。万物の現象を表す根源的な式ではありません。

次に、複雑系の科学。

複雑系の科学は、何も世界が光に近い速さで動いていなくても、近代の常識が覆されることの一例を示しています。物と物は相互作用していろいろな現象を起こしていますが、その相互作用が少しだけ複雑ならば、世の中には予想もできない豊かで多様な現象が生じることを、複雑系の科学は示しています。

突然ですが、マンデルブロー集合の例を図３に示します。この図は、複素平面において「漸化式　$Z=Z^2+C$ が発散しないCの集合」を表しています。発散しない領域は黒で塗り、発散する領域は発散のスピードに応じて濃さを変えて示しています。数学的な詳しい説明を

図3　マンデルブロー集合

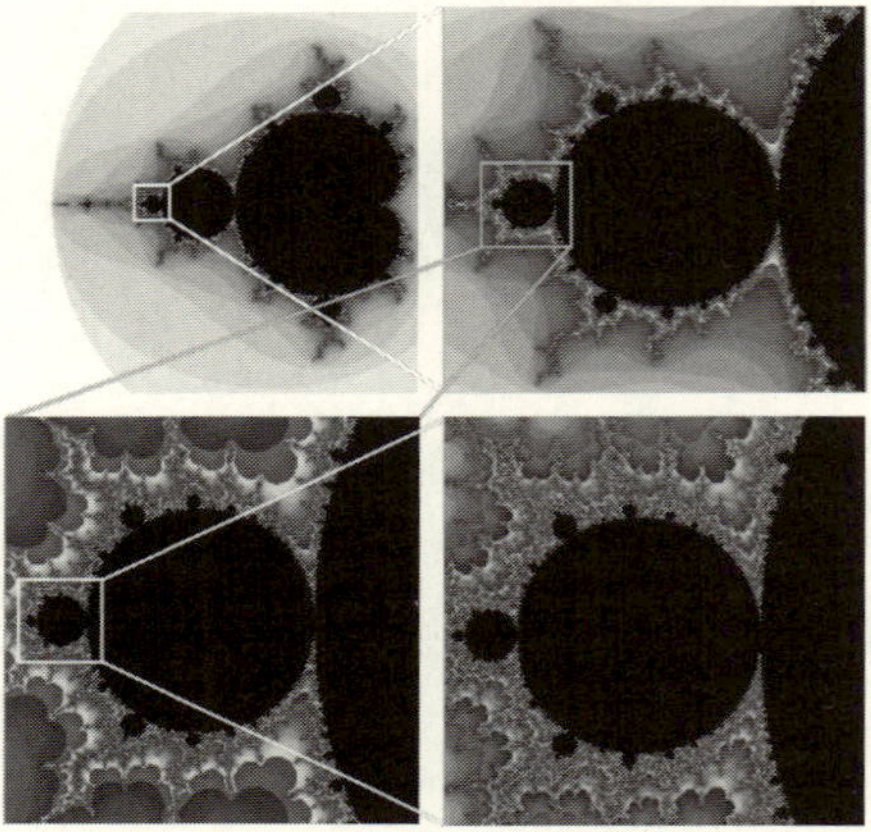

理解したい方は、『カオス―新しい科学をつくる』（新潮文庫）などの書籍または教科書などをご覧ください。単純な数学です。

申し上げたいことは、$Z=Z^2+C$ という、とても簡単な式を繰り返して使うだけで、この不思議な図形が得られるということの驚異です。しかも、この図形は不思議なことに、拡大しても、拡大しても、同じような奇妙な図形が出てきます。左上の図の一部を拡大したのが右上の図。右上の図の一部を拡大したのが左下の図。左下の図の一部を拡大したのが右下の図。驚くべきことに、これが永遠に続きます。

これは、言い換えれば、ものすごく微少な量だけCを変えると、結果は思いもよらないほど異なるということです。

複雑系の科学は、単純な言葉や数式で何らかの現象を言い尽くせるものではない、という事実を表しています。重箱の中を調べ尽くそうと思ったら、なんと、重箱の隅から思いもよらない多様な現象が、無限とも言ってもいいくらいの複雑さで出てくるのです。どんどん分解し分析して追い込んでいったあげく、重箱の隅には何か小さなものしかないだろうと思ったら、ところがどっこい、信じられないくらい複雑で豊かなものが、次から次へと出てくるのです。

複雑系の科学が現実社会で有効であることを示す面白い言葉に、「バタフライ効果」があります。春の日本の庭で蝶が一度羽ばたいたとします。この羽ばたきによる風は、世界の巨大な気流の流れに比べると、ものすごく些細なものであるように思えます。しかし、蝶が羽ばたいたかどうかというほんのわずかな違いが、世界の全く違う場所の天気を大きく変える力を持つ、というのがバタフライ効果です。マンデルブロー集合を詳細に見ていくと、ものすごくミクロな領域に劇的な違いがあるように、世界の気象は複雑系になっていて、巨視的な現象と微視的な現象は、私たちが想像する以上に分けがたく、つながっているのです。あらゆる物事は、私たちの直感以上に、密接に依存し合っているのです。

このことは、日本だけ切り取って天気予報をしよう、とか、百メートルおきの気象の状態から世界の天気を予想しよう、といった、分割やモデリングによっては正確な答えは得られないということを示しています。枠の中をいくら調べても、世の中にはリジッドな枠などないから、枠の外の影響を無視することはできない。近代が信じた分解、分析、二項対立というやり方の限界を、複雑系の科学も示しています。

自由意思は幻想である

三つ目は、脳神経科学です。

現代の脳神経科学や心理学も、近代的、合理的、論理的人間観に疑問を呈します。ただし、こちらは、近代科学への、ではなく、近代的人間観への。

拙著『脳はなぜ「心」を作ったのか』（筑摩書房）では、人の自由意思が幻想であることを述べました。

その根拠の一つは、カリフォルニア大学の脳神経科学者ベンジャミン・リベット博士の有名な実験です。人の「指を曲げよう」という自由意思と、無意識的な運動野の神経の発火とは、どちらが先か、を調べた実験です。

まず、被験者が「指を曲げよう」と思った瞬間を、ある種の時計で計測します。つまり、「指を曲げよう」と思った瞬間に時計が示していた時刻を被験者に申告してもらいます。また、指を動かすための筋肉に、「動け」という指令を出す大脳の運動野の神経発火を電極により計測します。意識の上の自由意思が「動かそう」と思った瞬間と、無意識的な筋肉への指令信号が始まる瞬間。皆さん、どちらが先に起きると思いますか？　リベット博士の研究によると、無意識的な筋肉への指令のほうが、０・３５秒程度早かったのです。

つまり、私たちが、自分の自由意思で「指を曲げよう」と思った瞬間は、指を曲げるという自由意思の始まりではないのです。それよりも、０・３５秒も前に、すでに自分の意思をつかさどる場所とは違う脳の場所で、意思決定は行われている。

人は、意識下で、自分の自由意思を実感します。「私は今、この決断をした」と。しかし、自由意思と感じられる自分の意思は、自分の行動の始点ではなく、途中経過に過ぎないのです。意思は何ものからも自由に思えるから、わざわざ頭に自由をくっつけて自由意思と呼ばれているのですが、実は「不自由意思」なのです。いや、不自由というよりも、そこに自由がないので「無自由意思」でしょうか。自由意思はない。幻想なのです。

幻想とは、リアルに感じられるけれども、リアルにあるわけではないという意味です。たとえば、「逃げ水」を考えてみてください。逃げ水は、まさにそこにあるかのように、ありありと見えます。まさにリアルのようです。しかし、近寄ってみると、本当はそこに水はない。これが幻想です。「人の自由意思は幻想である」とは、つまり、私たちは自由意思を持っていて、生き生きとした意思決定を行っているような気がするけれども、実はそこで本当に意思決定が行われているわけではない、ということです。これを実証したのが、リベット博士の実験でした。

人の意思決定が無意識に支配されていたり、合理的ではなかったりする事例も近年たくさん見つかっています。たとえば、人は上を向いていると楽しい気分になり、下を向いているとネガティブな気分になる。予想外の身体の動作、社会との関係性、ないしは気の持ちようなどの様々な要因が、人の気分に影響するのです。

つまり、人間は複雑系であり、様々な小さな物事が関わり合って、人の人生はできています。分析的思考では、人間の振る舞いは、近似的にしか記述できないのです。「おなかがすいたらご飯を食べたくなる」くらいの基本的なことは、多くの人に共通の応答特性として近似的に予測可能ですが、もっと複雑な思考や行動の詳細は、予測不可能といってもいいくらい、様々な要素の影響を受けます。人間の振る舞いの一部を切り取って枠に入れ、そこだけ分析するようなやり方では、人間全体は理解できないのです。

以上のように、「素粒子論」「複雑系の科学」「脳神経科学」などの現代の科学は、様々な視点から、近代の論理的・合理的・分析的な考え方の問題点を指摘してきました。紀元前五世紀に東洋と西洋が枝分かれして以来、先進的で優れたやり方だと（少なくとも西洋側は）思ってきた、近代西洋流のやり方が、（近似的には優れているが）本質的には間違っていることが多面的に指摘されつつあるのです。

ポストモダンとは何か?

西洋哲学や芸術も、同じようなところに向かっていると言っていいでしょう。

ポストモダンという言葉を、お聞きになったことがあると思います。ポストモダンとは、ポスト近代。近代の後という意味です。哲学、建築学、美術、音楽、ダンスなどの分野で使われる言葉ですが、要するに、近代的な考え方の限界を指し示そうとするのがポストモダンの哲学やアートです。

デカルトからカントまで、近代の哲学者は、絶対的な真理を追求しました。哲学という枠の中に、絶対的に正しいものや絶対的に善なるものがあると信じて探したのです。デカルトは「我思う故に我あり」、つまり、今、思惟している私は思惟している以上、間違いなく存在していると考えました。現代の脳神経科学から見ると、意識される私は幻想としか言いようのないたわいのないものなのですが。カントは、絶対的な理性の命令というものが存在するので、それに従って生きるべきだと考えました。同時代のニュートンが、F＝ma は絶対的な宇宙の法則だ、と考えていたのと似ています。

しかし、ポストモダンの哲学者たちは、近代の哲学者が追い求めた真理を疑いました。絶対的な真などないのではないか。その結果、現代の哲学は、実存主義、現象学、構造主義、ポストモダンと展開します。これらはいずれも、近代の、絶対的な真を求める哲学へのアンチテーゼとして発展したものでした。そして、ポストモダン哲学者と言われるリオタールの言葉「大きな物語は終焉した。私たちは、小さな物語を生きるしかない」に至ります。つまり、近代哲学者が目指した大きな物語（絶対的な真理）は見つからないことが判明した。もはや、宇宙や世界を貫く絶対的原理など存在しない。だから、人々は、大きな規範や目的のないまま、個々人それぞれの人生という小さな物語を生きるしかない。そういう意味です。

話の展開を復習しておきましょう。紀元前五世紀までは、枠の中と外の議論は明確に分かれていませんでした。これに対して近代哲学では、哲学という枠の中で、本物を探しました。絶対的真理という本物を。しかし、見つからない。だから、現代哲学は、な～んだ、近代は間違いだったのか（分けられると思ったら、分けるということは実は近似に過ぎなかったのか）、ということを発見した、というわけです。だから、近代の後、ポストモダンです。近代が間違いだったということは、その前の、枠の中と外を分けない考え方こそが根源的な議論にふさわしかったのではないか、という見直しにつながります。

ポストモダン哲学の行き着いた先の一つに、「ニヒリズム」があります。ニヒリズムとは、虚無主義。絶対的・本質的なものなど何もない、ということです。ソクラテスの無知の知や、

図４　東洋と西洋の変遷のイメージ図

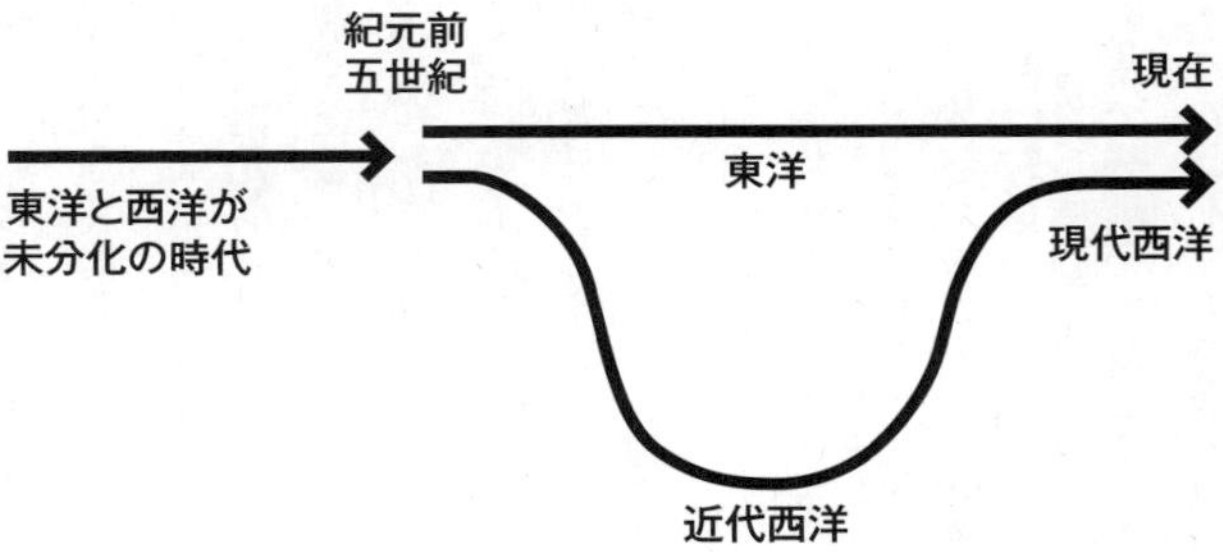

ブッダや老荘の思想と似ていませんか。

東洋と西洋の俯瞰図

誤解を恐れず二千五百年の歴史を俯瞰すると、東洋は、西洋と東洋が分かれる前から、東洋。西洋は、いったん近代西洋の道を歩んだけれども、哲学的には、東洋のような、東洋と西洋が分かれる前のようなところに、再び戻って来た、と見えます。そう考えると、世界をシンプルに理解できます。

図に描くと、図４のような感じでしょうか。

紀元前五世紀までは、東洋も西洋も未分化でした。

和辻哲郎の『風土』（岩波文庫）にも、「人はギリシャ初期の自然哲学とウパニシャッドの哲学（ブッダの前のインドの哲学）との間に多くの類似を見いだすであろう」と書かれています。ただし、和辻の文化論は、しかしギリシャとインドは違った、と続きます。

確かに、もちろん、紀元前五世紀までは東洋と西洋がそっくりだったというわけではなく、その頃に大きく分化したとしても、その伏線となる違いはその前からあったと考えるべきでしょう。ここでは、歴史の大きな絵を描くために、ソクラテス、ブッダなどの歴史上のスターがいた紀元前五世紀という時代をシンボルとして、世界を単純モデル化して述べているとご理解ください。

図4に戻りましょう。単純化して言うと、紀元前五世紀頃までは、全体と部分は分けられないと考えられていた。これに対し、紀元前五世紀頃から、合理的、分析的、二項対立的な西洋流が始まりました。キリスト教の成立を経て、近代において最も西洋流が明確になった後、現代になると、哲学的には、東洋人から見ると東洋回帰と言いたくなるような状況に至ります。西洋人から見ると、東洋回帰ではなく、ギリシャ哲学への回帰かもしれません。

実際、政治哲学者マイケル・サンデルの言う共同体主義は、原点がソクラテス、プラトン、アリストテレスの時代にさかのぼりますから、少なくともマイケル・サンデル教授は近代流の政治哲学をよしとせず、東洋とそんなに違わなかった頃の西洋に回帰することを主張していると捉えることができます（図5を用いて後述します）。

これまで詳細を検討してきた専門家からの異論が噴出することが目に浮かびますので、あらかじめ補足しておきましょう。図4は、あくまで単純化した模式図です。例外があるとか、単純化しすぎとか、言わないでくださいね。ご指摘の（予想される）とおり、もちろん、例外も多々ありますし、単純化しすぎというくらい単純化しています。

それでも私が言いたいことは、大きな流れとしては、この図のようだということです。「大きな流れとしてはそうであることは自明だが、それを言わないことが学者の常識」とおっしゃった学者の方もおられました。おっしゃりたいことはわかります。まさに、近代西洋の伝統に従って、狭く深く一部分を掘り下げることが全うな学者のあり方であって、専門外のことには口を閉ざすのが学者の見識だ、という常識が現代日本の学者の間でもまかり通っている傾向がありますので、その伝統に従うと、全体を論ずることは学者の常識に反するかもしれません。

しかし、私の専門は、システムデザイン・マネジメント学という、学問分野横断的・全体統合的学問です。狭く深くではなく、学問分野を横断して、全体として要するに何が言えるのかを追求すること自体を専門とする学者です。だから、いかにそれぞれの分野の学者に、詳細が未検討だと言われようとも、全体を俯瞰し単純化して全体像を示すのが私のやっている学問の使命なのです。

大きな物語が終焉した現代において、全体像を示そうとする前野は、時代錯誤的に大きな物語を描いているのではないか、という異論もあるかもしれません。それに対しては、私は社会学者の宮台真司の『日本の難点』(幻冬舎新書)の言葉を引用することにしています。

「普遍主義の不可能性と不可避性」

普遍主義とは、世の中に何か普遍的・絶対的な原理があるのではないかという、近代的な考え方のことです。

宮台が言うのは、現代とは、普遍主義は理論的に不可能だと重々わかった上で、実践的には不可避だと認めて求めざるを得ない時代だ、ということです。つまり、大きな物語はすでにないことがわかっているけれども、大きな物語を求めなければならない時代。

矛盾のようですが、私は矛盾ではないと考えます。絶対的な真理としての大きな物語がないことはわかった現代において、大きな物語を皆の合意のもとデザインすべき、と考えるべきだと思うのです。前に、デザインについて述べましたが、デザインとは、自らの意思で新たに創造すること。しかも、アートの創造とは違って、意味のある、役に立つ形の創造を行うことです。

アートと言えば、アートの文脈にもポストモダンがある、という話をしましたので、追記しておきましょう。

アートにおけるポストモダン

ポストモダンという言葉は、前述のように、哲学以外にも、建築学、美術、音楽、ダンスなどの分野で使われます。皆さんは、たとえば箱根の彫刻の森美術館などにある現代美術を見て難解だと思ったことがありませんか。あれが、近代の後、ポストモダンアートの一例ですね。

繰り返しますが、近代とは、何らかのシステムの枠をかっちりと決めて、その中を、分析的、合理的に理解したり、新しいシステムの枠の中を機能的にきっちりとつくり込んでいくことが目指された時代でした。美しさも、合理性の中にあると思われた。言わば、完全な美というものがあるに違いないと信じられ、求められた時代。

これに対して、近代の後、ポストモダンとは、それへの反発です。いやいや、完全な美なんて、ないでしょう、という視点。普遍主義の不可能性です。もっと言えば、そもそもアートは美を目指すということ自体、疑われるべきではないか。驚きとか、不快とか、気づきとか、そういう他の感情を引き起こすものだって、アートの対象ではないか。いや、そもそも、何かを求めるということ自体、中心があって、近代的ではないか。だから、何も意味を求めないということもあってもいいのではないか。そんなわけで、シュールレアリスム（超現実主義）やミニマリズム（装飾や意味を最小化するアート）などの、一見、意味のわからないアートが出現したのです。ミニマリズムは意味を最小化しているわけですから、意味がわからなくて当然とも言えます。

建築分野では、一九八〇年代あたりがポストモダンの時代と言われ、近代的合理主義への反動としての、多様性、装飾性、過剰性などを特徴とする建築のことを指してポストモダン建築と呼ぶことが多いですね。多少、他の分野のポストモダンとは異なるようにも思えるかもしれませんが、要するに、普遍的な大きな物語が失われた後の、多様な小さな物語、なんでもオーケーの時代なわけですから、やはり同じ文脈に則《のっと》っていると言えるでしょう。

システム科学の学者、マイケル・C・ジャクソンは、著書『ホリスティック・クリエイティブ・マネジメント』（丸善）の中で、システム論（社会や技術をシステムとして捉える学問）にもポストモダンがある、と述べています。たとえると、昔のシステム（ハードシステム）は「機械のメタファー」だったのに対して、ポストモダンシステムは「祭りのメタファー」だ、と言います。小さな物語が百科叢蘭《そうらん》。多様にいろいろなものが並立しているのが現代だと言うのです。

ポストモダンというのは二十世紀後半のはやりであって、今はポストモダンの後なのではないか、とお思いの方も少なくないかもしれません。確かに、ポストモダンという言葉を最近はあまり使いませんね。

しかし、現代は、近代の後。言葉の定義からすると、近代の後の後の思想が出てきていない以上、本来的には、現代は、ポストモダンの延長線上の時代だと思います。大きな物語のないことがあまりにも定着した結果、小さな物語を生きることが当たり前になったため、ポストモダンであるという意識が希薄化した時代、と言えるかもしれません。あるいは、もう少し前向きに、ポストモダンを超えて、大きな物語をデザインすることが望まれる、ゼロからの創造性とイノベーションの時代、と言ってもいいのかもしれません。

政治哲学と東洋・西洋

日本論ではなく、世界論について、長く述べてきました。

もう一度繰り返すと、前に図４に描いたように、紀元前五世紀までは、東洋と西洋は似ていた。しかし、近代西洋流の論理というものが発展してから、両者は別の道を歩んだ。現代では、東洋も西洋に巻き込まれているという主張もあるでしょう。現代の東洋では、近代以来の西洋で発展してきた合理的で科学的なやり方が浸透しつつあります。

しかし、文化心理学などの学問が明らかにするのは、今なお西洋と東洋には差があるという事実です。文化心理学の話は後で述べるとして、西洋と東洋は似ていたことを政治哲学の視点から示しましょう。

いきなりなぜ政治哲学なのか、と思われるかもしれませんが、私は「日本のマイケル・サ

図5　政治哲学の系譜

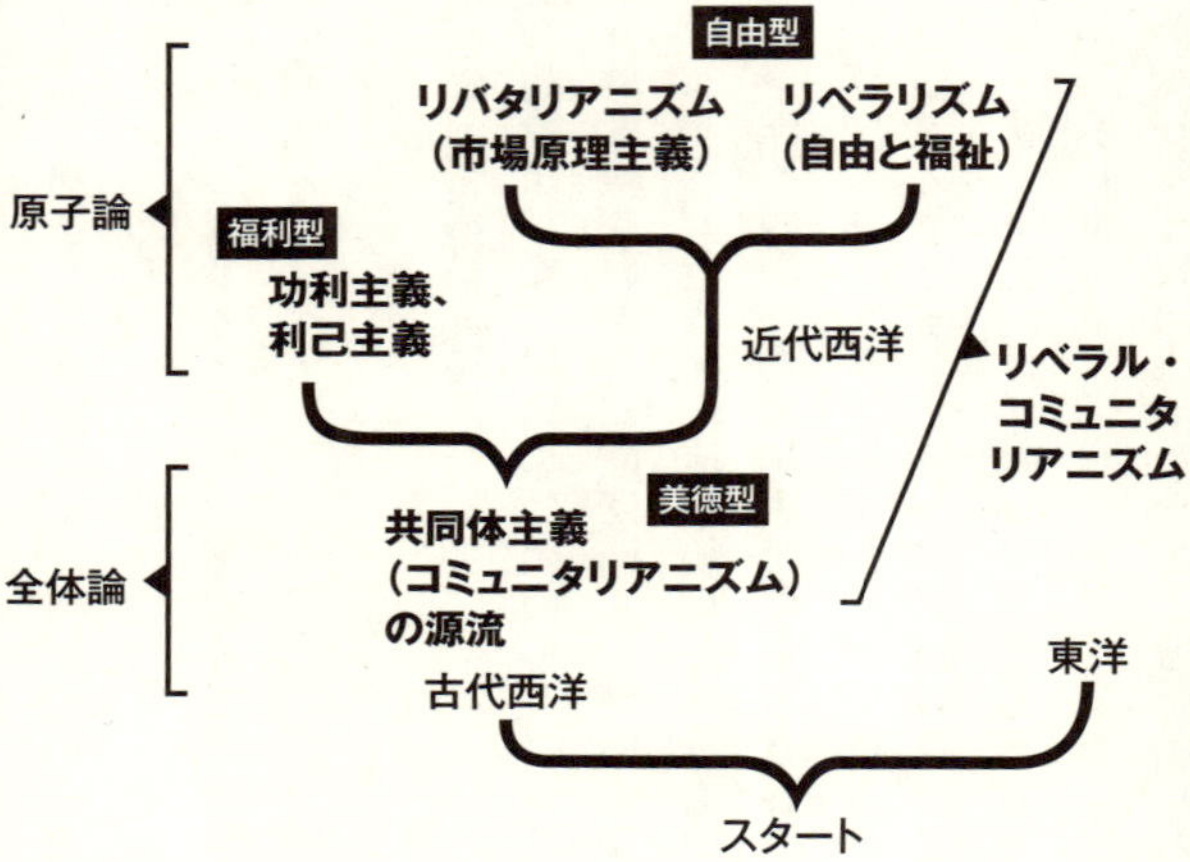

ンデル」とも言われる小林正弥教授と、世界の哲学・思想の流れについて対話を重ねてきています。その結果として、共同でつくった図をご覧いただくと、取り上げた理由がおわかりになるのではないかと思います。

図5には、政治哲学の歴史を単純化して示してあります。

簡単に述べると、現代政治哲学は、功利主義などの福利型、市場原理主義を掲げるリバタリアニズム、自由と福祉を重視するリベラリズムの対立構造で表されがちです。アメリカで言うと、リバタリアニズムが共和党、リベラリズムが民主党。

これに対し、サンデルや小林らが共同体主義（コミュニタリアニズム）という立場に立っていることは白熱教室などでもおなじみのとおりです。共同体主義は美徳型とも言われ、その源流は古代ギリシャにさかのぼると言われます。共同体主義はアメリカ政治にも影響を与えていて、最近では、共和党はリバタリアニズムですが、民主党はリベラリズムとリベラル・コミュニタリアニズムの混合となりつつあります。

本書で私が申し上げたいことは、政治哲学も、これまで述べてきた話と類似した構造になっているということです。近代西洋流（ここでは原子論と書かれています。物事を理解するためには、分解して、それ以上分けられないパートについて分析することが有効という、分析的、合理的、科学的やり方。要素還元論）だけでは問題解決困難になってきた西洋は、紀元前五世紀頃の、東洋と西洋が分かれていなかった頃の考え方（全体論、つまり、部分に分けずに全体を理解しようとする、ホリスティック、システミックなやり方）に戻ることを模索している。そして、共同体主義は、東洋流の集団主義的、相互協調的自己観に近い。まさに、図4と同じですよね。

さて、かなりのページ数を、俯瞰的な世界観の説明に割いてきました。これは、これから述べる、日本の特殊性と一般性の話につながるからです。

では、図4ないしは図5に示したような世界の中で、日本はどのような位置にあるのでしょうか。

結論から言うと、東洋と西洋が未分化だった頃の考え方を、そのまま現代まで残しつつ、近代西洋の産物である合理的で分析的なやり方も身につけている、ある意味、希有な国なのではないかと思います。もっと言うと、二千五百年の人類の変遷の結果だけではなく、途中経過をもありありと残したまま現代に至っている特殊な国であり、だからこそ、現代という時代にあって世界に発信すべきメッセージを豊富に持っている、世界の範となるべき国だと思います。

そのことについて、次章で述べることにしましょう。

第五章　世界の中の日本の二千年

清潔で素朴な倭人の生活

まず、日本の歴史を、最初の頃から振り返ってみましょう。

奈良時代に成立した歴史書『日本書紀』によると、初代天皇である神武天皇の即位は紀元前六六〇年ということになっています。弥生時代です。これをそのまま受け入れるというやり方もあるでしょうが、学術的には、初期の天皇の寿命が妙に長いことなどから、神武天皇の話は神話の一部と捉えるほうが適切であろうと言われています。神国日本という考え方が基本であった明治時代には、こんなことは言えなかったでしょうが。

海外における日本についての記述を見ると、『論衡』という後漢時代(一世紀)の思想書の中に、倭人についての短い記述があります。

「周時天下太平　倭人來獻鬯草」(異虚篇第一八)

周の時、天下太平にして、倭人来たりて暢草(薬草)を献ず

周(紀元前一〇四六年頃~紀元前二五六年)の時代の日本は、縄文時代から弥生時代ですから、これが本当ならば(そして『日本書紀』の年代も正しいならば)、ちょうど先ほどの神武天皇の頃に、中国と交易していたことになります。しかし、この頃の記述には、日本人

のことがさほど詳しく書かれているわけではありませんでした。
『論衡』から数百年後の紀元三世紀、中国の歴史書『三国史』の中の「魏志倭人伝」には、日本（倭）についての詳しい記述があります。その一部を意訳して紹介しましょう。

倭人は、朝鮮半島の東南の大海の中の、山や島が多い地域にいる。百余国に分かれていて、漢の時代に朝見してくる者があり、現在では、魏などと外交や通行をしているのは三十国である。

倭人の風俗は淫らではなくきちんとしている。男子は木綿を頭に巻いている。衣服は、幅広い布を結び束ねてまとっているだけで、縫ってはいない。婦人はお下げにしたり、髪を結ったりしている。衣服は、一枚の布の中央に穴をあけ、そこに頭を通して着ている。稲やカラムシ（植物繊維をとるために栽培されていたイラクサ科の多年生植物）を栽培し、蚕を飼って紡績している。牛・馬・虎・豹・羊・鵲《カササギ》はいない。兵は矛・盾・木弓を用いている。

倭の地は温暖で、冬も夏も生野菜を食べている。皆、裸足である。家を建て、父母兄弟は別々に住んでいる。朱丹をその身体に塗る習慣がある。食事は手で食べる。人が死ぬと棺に入れ、土で塚をつくる。死者が出ると、十日ほど喪に服す。その間は肉を食べず、喪主は泣き、他の人は歌を舞い、酒を飲む。

人々は酒が好きである。人の寿命は、八十～九十ないしは百年くらいで、支配身分の者は四、五人の妻を持ち、一般の村民も二、三人の妻を持っている。婦人は淫らでなく、嫉妬もしないし、盗みもなく、争いごとも少ない。

「魏志倭人伝」の日本人は、なかなか清楚で素朴でまじめそうですね。妻の数が一人でないのは淫らだ、というご意見もあるかもしれませんが、一夫一婦制かどうかは制度の問題だと私は思います。もちろん、常識は、制度とともにつくられますから、現代人が現代の常識に従うのは常識的ですが、他の文化には他の文化なりの制度があり、他の制度には他の制度なりの常識があると考えるべきでしょう。

なよなよして女々しいこと

ちなみに、「倭」という文字は「なよなよして女々しいこと」という意味があるので、中国が日本を蔑視してこのように呼んだのではないかとも言われています。一方、自分のことを「わ」と呼ぶ人たちだったから倭になったなど、様々な解釈があり、定説はありません。

もしも倭が蔑視的な呼び方だったとしても、さほど憤慨する必要はないように思います。なにしろ、中国は周辺民族に対してほとんどと言っていいほど蔑視的な名称を付けていますから、当時の慣習から推測するに、自然だったと言えるでしょう。ただし、もしそうだとしても、他の周辺民族には、匈奴《きょうど》、鮮卑《せんぴ》など鮮烈な名前がついているのに、日本だけ、人偏にゆだねる―倭―という平和そうな優しい名称が付いていることは、むしろ誇るべきことなのではないかとさえ、私は思います。

荒々しいのではなく、優しく素朴な国民。古代日本人がそうなった理由の一つは、日本が島国だからだと考えられます。

ニュージーランドには、絶滅危惧種のキーウイという鳥がいます。この鳥は飛べません。天敵のいない島国で、飛ぶ能力が退化してしまったためと言われています。

日本人から、荒々しい能力が退化してしまった、というと言いすぎでしょうが、古代から現代まで、島国であったために敵から攻め込まれたことがほとんどないことは皆さんご存知のとおりです。外敵が大規模に攻めてきたのは、二千年の歴史の中で、元寇と、第二次世界大戦くらいです。

外部と海で隔てられているから、自分たちらしさを残すことができる。また、海外の物事への素朴な憧れも醸成されます。侵略される危機感がないから、純粋な好奇心を保持できる。

現代日本は「平和ボケ」と言われることがありますが、日本は二千年以上の間「平和ボケ」を続けてきたおめでたい国と言えるかもしれません。

さて、感慨深いことに、「魏志倭人伝」の頃の、清楚で素朴でまじめそうな、そして愚直に平和を好むような日本人の特徴は、それから二千年経った現代でも受け継がれているように思えます。まさに、大陸からちょうどいい距離があり、外国の文化を好奇心旺盛かつ無邪気に受け入れ続けることができた、「中心思想のない国日本」、いや、「中心思想がないことを中心思想とする国日本」だからこそなし得た、世界の奇跡なのかもしれません。

神道と神話の起源

さて、古代日本の宗教について考えてみましょう。

「魏志倭人伝」には、卑弥呼が恐るべき霊力を発揮した、ということ以外に宗教の話はあまり書かれていません。

神道は、縄文時代ないしは弥生時代から古墳時代にかけてその原型が形成されたと考えられていますので、卑弥呼の時代も当然、神道的なものは伝わっていたと見るべきでしょう。

神道というと、明治時代から戦争までの日本思想の中心としての神国日本を思い浮かべる方が、年配の方ですと多いのかもしれません。現在も戦前生まれの方々の話を聞くことができますので、そのイメージが強烈なのはよくわかります。現代の神道は、靖国参拝の問題のように、国際政治とも関わる微妙な政治問題、と捉えるべき側面もあると思います。しかし、長い歴史を俯瞰してみますと、その神道像はむしろ最近の特殊な事例と見ることもできます。

そこで、現代的な神道ではなく、まずは古代の神道について考えてみましょう。

日本における「神道」という言葉の初出は、『日本書紀』の用明天皇紀（六世紀）にあります。

天皇、仏法を信《う》けたまひ、神道を尊びたまふ（天皇は仏教を信じ、神道を尊んだ）。

つまり、仏教伝来前から日本に神道はあったと考えられていますが、神道の記述が文として残っているのは、意外にも、仏教伝来以降なのですね。仏教の話は後で書くとして、神道について考えていきましょう。

宗教の話にはいろいろな見方や意見があるでしょうが、学術的（ここでは、学術的とは、客観的、中立的に、学者の立場から見ると、という意味）に考えると、神道は、特に特殊なものではなく、世界中にあった自然崇拝や多神教の一種の発展形と考えるべきでしょう。ポリネシアやネイティブアメリカンの宗教が神道に似ているとか、ギリシャ神話にも類似点があるとか、いろいろな話があります。

実際、神話は、昔の人が時と場所を超えて伝承したと考えられますので、学術的に考えると、類似性があるのは当然と言えます。吉田敦彦の『日本神話の源流』（講談社学術文庫）によると、日本の神話は、はるばるシルクロードを介して西洋の神話と同根のものと、アジア・オセアニアのものの混合と考えられています。西洋の神話とは、ギリシャ、ゲルマンなどの神話が中央アジア・朝鮮半島を経て日本にもたらされたものと考えられています。アジア・オセアニアのものには、中国・東アジア・東南アジアのもの、オセアニア（ミクロネシア、ポリネシアなど）のものなどがあります。

吉田のコメントには驚かされます。

「『古事記』『日本書紀』に見られる神話体系の成立にあたって、決定的な役割を演じたのは、朝鮮半島を経由し支配者文化の一環として入り込んできたと思われる、印欧系文化に源流を発する神話の影響であった」

神話学の検証は次世代にゆだねられていると思いますが、日本最古の史書である『古事記』『日本書紀』にギリシャの影響があるかもしれないとは驚きです。

神道と科学の関係

ご存知のように、神道では「八百万の神が存在する」と考えます。米粒一つぶ一つぶにも神が宿る、と言われることもあります。そういう意味では、神道は、本来的にはアニミズムだと言えるでしょう。アニミズムは霊魂信仰や精霊信仰と訳され、あらゆるものに神が宿ると考えたり、霊魂や精霊が存在すると考えたりすることを指します。アニミズムは、世界中の原始宗教に見られます。

『宗教年鑑』（文化庁）の平成二十三年度版によると、日本人のうち神道を信じる者は一億人、仏教を信じる者は八千五百万人、キリスト教百九十万人、その他九百五十万人と続きます。ダブルカウントされていますから、日本の総人口を超えてしまいますね。

神道はなんと一億人。しかし、次に述べるように、現代日本人のほとんどが霊魂・精霊の存在を信じているとは思えないので、現代の神道は、アニミズムというよりも、習慣・風習という文化的側面を強く持った存在と言うべきでしょう。

日本人の三分の一くらいは死後の世界や霊魂を信じ、三分の一くらいは信じず、三分の一くらいはわからないと答える、というデータがあります。私もいくつかの大学で同様な調査をしたことがありますが、ほぼ同様な結果でした。高学歴の者ほど信じない傾向が強く、文系よりも理系のほうが信じない傾向が強い、という結果でした。

私は、死後の世界や霊魂を信じないという立場、すなわち「物的一元論」に立脚します。人間は進化によってできた種であり、生物の思考はすべて脳神経系がつくったものだと考えます。死後の世界も霊魂もない。あらゆる現象は、脳の仕業として説明できる、という立場です。もちろん、脳科学をはじめとする科学は完全ではありませんので、他の立場を否定するつもりはありません。

ただし、統計学は正しいと考えています。つまり、信憑性のある事柄は、統計的に意味のある（専門用語で言うと、統計的に有意な）頻度で出現する傾向があると考えます。このため、もしもたとえば幽霊が存在するなら、統計的に有意と言える頻度で出現するはずだと思います。そうなっていないということは、現時点のデータから見ると、幽霊の存在は確実とは言えません。

誤解のないように正確に書いておきますが、「幽霊は絶対にいないと信じている」のではありません。科学は信じるものではありませんから。あくまで、あるかないか、どちらの可能性が高いかを、何度も実験や観察を繰り返して、確かめていくのが、科学的な、実証主義的な立場です。

だったら、証拠が出てくれば信じるのか、と言われると、それはそうですが、新たな幽霊の証拠が出てくる可能性は低いだろうと予想しています。なぜなら、これまでに世界中でいろいろな人が幽霊について調べたり報告したりしている数々の結果から帰納的に推測するに、存在確率は極めて低いと考えるほうが妥当だと考えるからです。また、幽霊が物理的にどのような形で存在できるのかについての科学的な知見もありませんし、現代物理学では全く解明されていないような新たな物理現象として存在していると考えることの妥当性も低そうですし。

それから、先ほども述べましたように、私は、人間は進化によって生じたと考えます。もちろん、人間の心も、進化によって人間の脳が獲得した機能だと考えます。これまでに人類が蓄積してきた学術的研究成果から帰納するに、そう考えるのが最も妥当だと考えるからです。だとすると、進化によって、物質的な人間の脳が、脳や身体を超越した不滅の霊魂を獲得するとは考えにくいので、統計的に有意なデータが提供されない限りは、やはり死後も残る霊魂とか、それが輪廻するとか、天国や地獄へ行くという話の統計的な信憑性は低いと考えます。

神話は、誰か昔のどこかの人の創作の寄せ集めだと考えます。とはいえ、面白い話が多いですよね。これは、当然ながら、面白い話が人々の印象に残るから、淘汰されて生き残ったものと考えます。それから、万物に精霊が宿ると考えると、そんな気もしますよね。そう考えると、たとえば、ものを大切にするかもしれません。このように、精霊や神を仮定することが、人々の行動に何らかのいい影響を与える傾向がある結果として、そのような考えが生き残ったものと考えます。

現代人でも、巫女《みこ》さんの言うことを信じたり、物事には必ず宇宙的な意味があると信じたり、名前の画数占いや、風水を信じたりする人がいますが、これらもすべて科学的な実証は困難だと思います。そう考えても、なんとなくつじつまが合うような気がするもの、なんとなく信憑性があるような気がするものが、長い歴史の中で生き残ったので、なんとなく信憑性があるように感じられるだけと考えます。もちろん、統計的に有意でないものは、巫女さんの発言も、物事の宇宙的な意味も、名前の画数も、風水も、科学的に裏付けられていないと考えます。実際、これらが統計的に有意であった例は、世界広しといえども、聞いたことがありません。死後の世界が見えたり、死んだ人が乗り移ったりする人がいますが、それは脳の特殊な状態だと考えます。

誰でも夢を見ますよね。夢は脳がつくり出した映像です。これと同じようなものを、目覚めているときにもつくり出せる特殊な脳があることは容易に想像できます。実際、統合失調症の方は、幻視や幻聴が起こります。つまり、ある種の脳にそのようなことが起きることは、現代の脳神経科学からみると、特段驚くべきことではありません。

神は自然の比喩か?

では、現代科学に立脚すると、神道を否定せざるを得ないということなのか、ということになりそうですが、私は長い歴史が育んできた日本文化の一つである神道を否定したくはありません。正月に神社に行って、今年も平安であることを神に祈る精神性は心に残しておきたいと思います。そのために私が科学と両立できると考える解決策は、「神とは自然の比喩である」と考えることです。

「神＝自然」と考えれば、神道が言ってきたほとんどのことは無理なく成り立ちます。万物に神が宿ると考えて崇拝する自然崇拝は、まさに、自然の偉大さに敬意を表することに他なりません。死者を神と崇めることは、先人の偉大さをたたえて記憶に残しておくことに他なりません。そもそも、死ぬと神になるというのは、死んで物質的には酸素や炭素や水素などとして世界を循環するということですから、「神＝自然」と考えれば全くそのとおりです。

『千の風になって』という歌がありました。

「私のお墓の前で　泣かないでください　そこに私はいません　眠ってなんかいません　千の風に　千の風になって　あの大きな空を　吹きわたっています」

そのとおりです。火葬された人の身体は燃えて二酸化炭素になり、世界中を吹き渡る。全く矛盾がありませんよね。そして、植物に取り込まれて有機物になったり水になったりして、再び世界を巡る。まさに、すべての人は自然に戻り、神（＝自然）になる。

強要するつもりはありませんが、以上のように、神は自然の比喩だと考えれば日本の神道は説明できる、というのが私の考えです。

今から二千年前には、物理学も化学も脳科学もありませんでしたから、皆さんの身体は二酸化炭素になりますとか、水になりますとか、説明のしようがなかった。皆さんの心は脳がつくった幻想です、ということも説明のしようがなかった。説明が難しいとき、皆さん、どうしますか？　わかりやすいものにたとえませんか？

神というのは、二酸化炭素とかニューロンの発火とかいう言葉がなかった時代の、誰かの直観的な仮定だったと考えればいいのではないかと思うのです。そして、それが確からしいから受け継がれた。しかし、現代科学から見ると、たとえ話と見なすほうが妥当になってきた。世界中の多くの人が、それにうすうす（ないしは明確に）気がつき始めている。そう考えるのが妥当だと思うのです。

本居宣長は『古事記伝』の中で「尋常ならずすぐれたる徳のありて可畏《かしこ》き物を迦微《かみ》とは云ふなり」と述べています。古代の日本人は、神秘で畏敬《いけい》の念を抱かせる存在を広く神として信仰の対象としていたと言われています（『宗教年鑑　平成二十四年版』文化庁）。神秘的で畏敬の念を直感的に抱けるだけで神とみなせるとしたら、まさに、たとえ話に近いですね。

なぜ、神道と仏教は共存できたのか？

さて、興味深い点は、原始宗教の一つである神道が、日本では今も残っているという点です。アニミズム的な要素と、慣習的な要素とがあるとはいえ。

古代西洋人は、多神教的なギリシャ神話の世界観を持っていましたが、紀元ゼロ年前後にキリスト教が成立してからはその一神教的価値観に一掃されてしまい、多神教的文化は、教養としては残りましたが、宗教としては力を失っていきました。これに対し、日本では、紀元五世紀頃に仏教が伝来した後も、神道的な考え方がそのまま残りました。仏教を受け入れ、神道と混ぜ合わせて日本的な仏教へと進化させたのです。

なぜ、多神教的な世界観が、多くの国では一掃されたのに、日本では生き残ったのか。理由の一つには、後から入ってきた宗教が、これから述べる仏教だったから、と考えられるでしょう。

多神教的な価値観の次に出てくる考え方は、多神教の否定であると考えられます。多神教を否定する方法は二つあります。一つ目は、神は一人であると考えること。二つ目は、神はいないと考えること。

ユダヤ教、キリスト教、イスラム教などの一神教は、もちろん、神は唯一絶対であると考えます。一方、仏教には本来神がいません。すべては無であるということが教えの中心です。

神が大勢でないなら、神は一人かゼロ人か、どちらかですよね。ですから、両方の考え方が出てきたというのは納得感があります。

で、多神教の世界に両者が入ってきたらどうなるでしょうか。

多神教と一神教はお互いに否定する関係なので、どちらか強いほうが生き残り、他者は淘汰されると考えられます。実際そうなりました。

多神教の世界に、神様はゼロの思想が入ってきたらどうなるか。たくさんかゼロかの争いですから、どちらかがどちらかを淘汰してもよさそうです。しかし、日本ではそうはなりませんでした。

「仏教の無の思想でどんな人も救われるのなら、神様も救われると考えればいいじゃん」

人々は、なんと大胆なことに、そう考えました。神を仏により救うために、多くの神社に神宮寺が設けられたのです。逆に、寺院に関係のある神を寺院の守護神、鎮守として祭るために寺院の元に神社が建てられたりしました。

すごいですよね。この融合力。今も日本人は舶来好きですが、それまで最高だった神を舶来の仏に救ってもらおうと考えたり、その仏を神に守らせたり。大胆というか、常識を気にしないというか、変わり身が早いというか。まさに、無限抱擁、無自覚的雑居。

また、島国日本に外来のものが伝達する際には、長い距離と時間をかける間にあいまい化されたり一部が欠落したりすることも大いにあったと思います。都合よく解釈されて、都合のいいところだけが取り入れられるということも起こります。たとえば、本来の仏教は神の存在を認めませんが、そこのところは見なかったことにしたのか、見なかったのか。いずれにせよ、日本には、それまであった神道と融合する形で仏教が伝来してきたというわけです。

仏教は「科学＋哲学」である

では、仏教について考えてみましょう。

ご存知のように、仏教は、紀元前五世紀頃、インド北部のガンジス川中流域でブッダにより始まりました。原始仏教についての記述『ブッダのことば　スッタニパータ』（岩波文庫）などを見ると、ブッダ自身は仏教を宗教ではなく思想だと考えていたようです。

キリストがユダヤ教の預言者だったように、ブッダはバラモン教の僧侶でした。つまり、始祖は、他の宗教からスタートしています。バラモン教には輪廻思想がありましたが、ブッダは死後の世界のことは考えてもわからないから考えない、と言っていました。輪廻の存在を否定したわけではないのですが、肯定もしなかった。つまり、輪廻はブッダの思想ではなかった。にもかかわらず、今では仏教の考え方の一部と考えられています。

また、ブッダは、自分の墓をつくり、それを崇拝するようなことはしないようにと伝えた、と言われています。なのに、お寺には仏舎利塔（要するに、ブッダの墓）がありますよね。

ブッダの骨を祀《まつ》った塔です。本人は思想家であったのに、弟子たちが崇拝して宗教化してしまった、というのが事実だと言われています。

中国の老荘思想が、道教という宗教になっていくのと似ていますね。

では、仏教とは何なのか。

紀元前五世紀の原始仏教と、紀元六世紀以降に広まった日本仏教には違いがあります。しかし、最も基本的な部分は共通していますので、私たちになじみのある日本仏教の原点を見ることから、仏教とは何かを探ってみましょう。

現在の日本の大乗仏教は多様です。念仏すれば死後に救われると説く浄土宗、浄土真宗から、坐禅によって悟りの境地を目指す禅宗まで、いろいろとあります。違いを認め合いながら共存しています。詳細は省略し、その原点に戻ってみると、それは四つの考えから成ると言われています。

諸行無常「すべてのつくられたものは、無常である」
諸法無我「すべてのものは、我ならざるものである（もしくは、実体がないものである）」
涅槃寂静「涅槃は安らぎ（幸福）である」
一切行苦「すべてのつくられたものは、苦しみである」

現代日本人の多くは、葬式や法事以外ではあまり仏教と接しませんから、なんとなく仏教を辛気くさいものと感じている方も少なくないかもしれません。しかし、先ほども述べましたように、その考えの基本自体は、宗教というよりも思想だと思います。また、その内容は、近年の脳神経科学で裏打ちされていると考えます。

拙著『脳はなぜ「心」を作ったのか』などで述べてきたように、哲学、脳神経科学、心理学、物理学、進化生物学、工学などに携わってきた私には、これらの四つは、宗教ではなく、哲学と科学の範疇の記述にしか見えません。そこで、私の仏教解釈を以下に述べましょう。

諸行無常とは？

まず、諸行無常は、『平家物語』の最初のフレーズの一部としても有名ですが、もとは仏教用語です。すべてのつくられたものは、常に同じところに留まることはない。つまり、すべての物事は移り行く。これは特に難解ではなく、日本人には割とすんなりと受け入れられる言葉ではないでしょうか。

川の流れのようなものをイメージすると、自然の営みの移り行く様を表しているように感じられるかもしれませんが、本来はもっと哲学的な意味だと言うべきでしょう。現代的に言うと、あなたの存在や、認識や、正義や、善のようなものも、絶対的ではない。西洋哲学的な言い方をすると、哲学的真理や倫理学的真理というものがあるわけではない。

このように書くと、お気づきでしょうか。哲学的真理や倫理学的真理を求めた近代と、その後のポストモダンの話を前にしました。あの話と呼応しています。

デカルトからカントまでの近代哲学者が追い求めた哲学的真理（存在論、認識論）や倫理学的真理（正義や善）。それはむしろないと考えざるを得ないことに気づいたのが現代（近代の後）でした。私たちは、大きな物語のない世の中で、各人それぞれに、小さな個人的な物語を生きるしかない。

これを、一言で言うと、諸行無常。常なるもの、つまり、確実で絶対的なものはない、というのですから、単に物質的な川の流れが常に留まってはいないというような意味のみならず、抽象概念である真や善も常に正しいというわけにはいかない、という意味だと解釈すべきでしょう。

つまり、素粒子論、複雑系の科学、脳神経科学などの現代科学は近代西洋流の限界を示し、さあそれを超えたところに何があったかと言うと、それは仏教的なあるいは日本的な思想である「諸行無常」だったというわけです。なんと、人類二千年の営みの、諸行無常であることか。

諸法無我とは?

諸法無我とは、「すべてのものは、我ならざるものである（もしくは、実体がないものである）」という意味です。前に述べたように、脳神経科学の結果から見ると、人々の自由意思は幻想です。

人々は自分の意識の上に自由意思が生き生きと湧き上がるように感じますが、これは幻想に過ぎない。自分の意思で何かをしているのは、我ならざるものである、ということです。では誰か。無意識的な脳神経の活動や、それに接続されている、現実社会。

因果応報や縁起という言葉がありますが、そういうことです。私たちは自分で意思決定しているような気がしていいるけれども、これは世の中の人、もの、ことのインタラクションの結果として、たまたまのご縁の結果として、皆さんの脳神経が活動し、その結果、あたかも皆さんが自分の自由意思で何かを行っているように見えているに過ぎない。

前に、リベットによる指を曲げる研究について述べました。脳神経科学の成果の一例です。リベットによると、私たちが、自分の自由意思で「指を曲げよう」と思う瞬間よりも、0・35秒前に、すでに自分の意思とは違う脳の場所で意思決定は行われているのでした。

「指を曲げよう」という自分の意思に思えたものは「我ならざるものである」ということで

す。あるいは、「自由意思という実体はないものである」ということです。なにしろ、自分の「意思」は何ものからも自由なはずだという解釈によって、わざわざ「自由」を「意思」にくっつけて「自由意思」と呼んでいたのに、「意思」は、実は、何ものからも自由ではなかった。前にも述べたように、「無自由意思」です。「自由な意思」という実体はない。「我思う、故に我あり」だと思っていたら、「我思う、しかし、その実態は、無意識に追従する幻想のような自分」であったということです。

諸法無我、すなわち「すべてのものは、我ならざるものである（もしくは、実体がないものである）」という仏教の基本的な考え方の一つが、脳神経科学の最新の成果と整合することについて述べてきました。

諸法無我の「無我」とは「欲を捨てろ」だと解釈されることがありますが、これは間違いです。「欲があるように感じるかもしれないが、それの源は、我ならざるものである」という意味です。何しろ、今述べた脳神経科学的知見によると、意識の上に湧き上がっている「何かをしたい」という欲も、我ならざるものが我々にやらせているものなのですから。

新しい仏教のあり方を模索するユニークなお坊さん、藤田一照さんと山下良道さんの対談本『アップデートする仏教』（幻冬舎新書）にも、同じことが書かれています。現代日本では、無我行が、「お前の心などどうでもいい。エゴに過ぎないから。それを捨て去れ！」だと誤解されている。そうではなく、「思いの手放し」（執着を手放すのみならず、自分がやっているということ自体も手放すこと）が必要だと。

おっしゃるとおりです。悟りとは、雲一つない青空を見ようとすることではなく、自分が青空であることに気づくこと、という意味のことも書かれています。うまい表現ですね。心を研ぎすませて青空のような心になることは第一歩なのですが、本質的に大事なことは、青空のようだと思っているその客観的観察者たる自分自身もないと気づくこと、というわけです。私はない、私ではない、です。

涅槃寂静と悟りと幸せの関係

大乗仏教の重要な四字熟語。三つ目は、涅槃寂静です。涅槃は静かな安らぎ（幸福）である。涅槃とは、死後の世界と解釈されることもありますが、ブッダはもともと、悟りの境地という意味で用いたと言われています。悟りの境地とは、幸せの境地のことです。

逆に、大乗仏教用語の四つ目は、一切行苦です。生老病死。すべての物事は、苦しみである。先ほどの、悟りの境地は幸福の境地、というのと逆ですね。要するに、悟らないうちはこの世は苦しみにあふれているが、悟れば幸せ、ということです。

仏教というのは仏の教えという意味ですが、仏とは悟った人という意味。涅槃に達した人です。ということは、仏教とは、安らぎ、幸福の境地についての教えということです。つまり、幸福学。仏教＝幸福学。

しかし、日本国中を探しても、悟りを開いたという人はあまり聞いたことがない。だから、本当に悟りなどというものはあるのか。多くの方は、そのように感じられるかもしれません。

これに対して、私は、以下のように考えます。

ブッダの時代から、日本で仏教が栄えた中世までは、脳神経科学やその他の科学がありませんでした。心とは何かについての科学的なヒントはなかった。だから、坐禅を組むなどの修行を重ねることによって、悟りに達するしかなかった。逆に言えば、仏教が広まっていた世界では、仏教流にするしか悟る方法はなかったから、優秀な人もどんな人も、多くの人が仏教による悟りを目指した。

しかし、先ほどから述べてきましたように、現代脳神経科学によれば、たとえば、リベットの実験から諸法無我は説明できます。すべてのことを行っているのは、大脳が生成した意識によるのではない。むしろ、無意識的な脳の営み、および、身体を介しての外界とのインタラクション（相互作用）によると考えるべきである。

このように理解した上で、心を落ち着けてリラックスしてみると、すべての邪念は、所詮は幻想であることがわかります。「なあんだ、生きていると思っていたら、もともと死んでいる状態と大差ないではないか」。なぜなら、生きている自分というものは幻想なのだから。もともと死んでいるようなものなのだから、死ぬことだって怖くはない。死ぬことが怖くなければ、他のどんなことだってなんということもない。死ぬ気でやれば何でもできると言いますが、死ぬ気も何も、最初から死んでいるようなものなのだから、はじめからリラックスして死ぬ気のはず。何も怖くなければ、何の悩みもない。心は晴れ晴れとして、何の曇りもない。無欲です。青空です。これは至福です。恐れも悩みもなく、心が静かでリラックスした状態。

青空を私が見ているのではない。私という主体は幻想。私は青空であり、青空はすべてであり、そして、なんでもないのです。

つまり、現代脳神経科学の知見を論理的に考え抜けば、至福の状態に達することができます。至福は、イコール、悟りです。悟りというのは、二千五百年前には到達が困難なものだったのですが、現代においては、実は、どうということもない、容易に到達できる状態なのではないでしょうか。

二千五百年前と違って、私たちは、困難な修行を経なくても、科学の成果の論理的な理解によって、悟り（＝至福）に至ることができるのではないかと思うのです。

私自身、悟りの境地とは何か、はっきりとわかります。すべては無である。欲は幻想である。私も、昔は恥ずかしながら名誉欲や金銭欲に支配されがちでしたが、今は違います。今、死んでも悔いはない。もちろん、名誉や金など目指していない。今を生きるだけ。しかも、自然の一部として。究極の自然体です。悩みもない。至福です。心を落ち着けると、このスタンスに立てます。しかし、ブッダと違って、気を許すと煩悩の世界に戻りそうになりますので、修行は一生続くというのもよくわかります。

私の、現代科学に基づく現代思想としての仏教観について述べてきました。現代大乗仏教を支えているお坊さんたちの中には、違う考えの方もおられるかもしれませんが、私の考えは、大乗仏教のすべての宗派の考えと矛盾しないと思っています。

たとえば、禅宗では、悟りの境地とは何かを、言葉では表せないし、表すべきではないと考えられてきました。これを「不立文字《ふりゅうもんじ》」と言います。よって、科学の結果を記述することを起点として悟りに至るという考え方は、禅宗の考え方と矛盾するように思えるかもしれません。しかし、前にも述べたとおり、「AはAではない、故にAである」という形の禅宗の「即非の論理」は、「現代型の論理」を超えた「禅宗の論理」として語られています。つまり、不立文字とは「近代流の論理を用いた説明では悟り（＝至福）は語り得ない」（けれども、禅宗型の即非の論理で語るのはＯＫ）という意味だと考えれば、私の仏教理解と矛盾しません。実際、禅問答では、即非の論理で語っています。

そこで、私は何冊かの本で、脳神経科学の結果から悟り（＝至福）に至れるということについて述べてきました。

しかし、言っていることはまあわかるが、その至福の境地にはなかなか至れない、とおっしゃる読者の方が少なくありません。私の説明が下手なことも理由かもしれませんが、最も大きな障害となっているのは、近代的な世界観に基づく常識の壁ではないかと思います。

まず、宗教はうさんくさいもの、あるいは、自分とは関係ないもの、という先入観。悟りや至福は、科学の範疇外だという常識。

従来の常識では、悟りというのは、科学や論理を超えた、宗教的な境地だと考えられてきたかもしれません。これに対し、私は、これまで、論理を超えるとはどういうことかを、現代流に述べてきました。

もう一度繰り返すと、そもそも、論理的・客観的で科学的なあり方というもの自体が、素粒子論、複雑系の科学、脳科学の最新の知見から考えると、完全ではない。だから、世界とは、もともと論理を超えているのであって、論理を超えたものは非科学的である、というのは間違いである。あるいは、近代的である（現代的でない）。だから、即非の論理が一般的な論理と異なることは、むしろ現代的（ポストモダン的）である。

それから、そもそも、意識は幻想、という脳神経科学の結果を科学としては理解できても、自分の問題としては納得できない、という方も少なくないかもしれません。そうおっしゃる方には、先ほどの説明を繰り返すしかありません。

心は幻想である。あるけれどもないようなものである。ないようなものの存在に執着したってしょうがない。だから、執着を手放そうではないか。そうすれば、あらゆる拘束から自由になれる。何も束縛はない。悩みにも恐れにも欲にもとらわれる必要はない。つまり、至福である。イコール、悟りである。

何度説明しても、言葉としてはわかるが、実感として納得できない、という方がおられますよね。結局は、修行と同じような困難な道のりなのかもしれません。悟り（＝至福）はいくら説明しても、頭で理解できるものではなく、体験して、ああ、そういうことかと腑に落ちるタイプのものである、と言われます。

脳神経科学による、心の幻想性の客観的な理解から、それが主観的に腑に落ちて至福を感じるまでの道のりも、実は、禅の修行と同様、それなりの体験を経なければ目的地に到達できないものなのかもしれません。少なくとも、私は腑に落ちていて、ブッダの言いたいこともよくわかり、共感しているのですが。

哲学者ブッダが言ったことは何だったのかを理解することは、日本の源泉とは何かを理解するための一つの重要なポイントだと私は思っています。ここを理解した方が増えることを、心より願っています。

神道と仏教の融合の時代

仏教とは何か、についての私の考えを伝えることに時間を割いてきましたが、申し上げたいのは、神道的世界観を持っていた古代日本に、紀元五世紀頃、これまで述べてきたような仏教という外国文化が伝来してきたということです。

もちろん、前にも述べましたように、神道の元になった神話も、その多くは大陸やミクロネシアから渡ってきた外国文化だったと考えられます。それを受け入れて神道にした。今度は仏教が入ってきた。

ご存知のように、仏教伝来後、神道と仏教は調和的に融合する時代が長く続きます。「神仏習合」です。

現代人にとっては神道と仏教は別物ですが、それは、明治政府が一八六八年に天皇を神の子孫とする国家神道を国教化するために「神仏分離令」を出したことの影響が、今も残っているからです。

神仏分離前の神道と仏教は、長い間融和していました。前にも述べましたように、神を仏により救うために多くの神社に神宮寺が設けられたり、寺院に関係のある神を寺院の守護神、鎮守として祭るために寺院の元に神社が建てられたりしていました。神社に奉仕する僧侶もいましたし、神道の神に仏具を供えることや、仏具を御神体とすることも行われていました。

仏教が他の宗教と融合することは、日本だけで起こったことではなく、たとえば中国仏教は道教の影響を受けていますし、古くインドでも民族の神々を取り込んでいたと言われています。多くの宗教には神がいますが、仏教は、神のようなスーパーネイチャー（形而上の超自然的存在）を仮定しないことが、前にも述べましたように、他の思想や宗教と背反せず、補完関係になりやすかった理由と考えられます。

神道のベースを持っていた日本人が仏教を受け入れたことは、日本的でした。なんでも受け入れるようで、自分化してしまう、という無限抱擁性において。

多くは、もともと外来のものであったろう神話を、日本化して現代まで伝えてきたのと同様、インドで紀元前五世紀に始まった仏教が、千年かけて中国まわりで六世紀に日本に入ってきたものを、取り入れて、日本風の各宗派に変え、日本に元からあった神道とも融合させてしまった。しかも、日本らしさを残して、日本型の仏教をつくった。

仏教伝来前後の日本とは、どんな国だったのでしょうか。

和辻哲郎の『日本精神史研究』（岩波文庫）を読むと、和辻の日本観がよくわかります。「『古事記』の物語の作者である日本人（仏教伝来前の日本人）はあまりにも無邪気であり朗らかであった」「平安朝は何人も知るごとく、意力の不足の著しい時代である」。物のあはれとは「永遠への思慕に色づけられたる官能享楽主義」「涙にひたれる唯美主義」「世界苦を絶えず顧慮する快楽主義」だと言います。この時代は、「男性的なるものの欠乏」した時代だと言います。つまり、和辻は、平安時代に代表される神道的な日本を批判し、仏教的な日本こそ重要だと述べます。

一方、いやいや、神道こそ日本的なのであって、仏教は後で入ってきたものではないか、という論調も少なくありません。それは近世以降において明らかで、江戸時代以降の国学の反仏教運動や、明治初期の廃仏毀釈、そして明治政府の天皇神聖化へと続きます。

仏教こそ重要、という考えと、神道こそ重要、という考えが、時代に応じて出現しています。歴史は世相に応じて再評価され、書き換えられるのです。もう少し見てみましょう。

新渡戸稲造の『武士道』（岩波文庫）では、武士道に影響を与えたのは、仏教、神道、儒教であると書かれています。

岡倉覚三（岡倉天心）の『茶の本』（岩波文庫）によると、茶道に影響を与えたのは道教と禅道であるとあります。

要するに、その後の日本の文化や考え方に、神道も仏教も（道教や儒教も）大きな影響を与えたと考えられますが、影響の与え方は多様であり、文脈によりいろいろな見方ができるということです。

私の見方は、神道と仏教のうち、どちらかの肩を持つのではなく、やはり、両者の良さがバランスよく融合したのが日本だと思います。

まず、和辻の言うように、仏教伝来前の日本や、平安時代の日本は、素朴で優しい時代だったのだろうと私も思います。和辻は辛口ですが、無邪気で朗らかなのは、裏を返せば、純粋で前向きだということです。意力や男性的なるものが乏しいことは、必要以上の戦争や犯罪を起こさない平和国家という良さがあるはずです。永遠への思慕に色づけられた官能享楽主義や、涙にひたれる唯美主義、世界苦を絶えず顧慮する快楽主義は、言い換えれば繊細な感性に基づく大衆文化が花開いていることです。クールジャパンです。

一方、神道は日本のものだが仏教は外来である、というのも、厳密には当たっていません。前に述べたように、神道の元になった神話の多くは外来と考えられるからです。神道も、仏教も、外から来たものを受け入れて日本化したもの、と捉えるほうが現代的・実証主義的解釈として妥当ではないでしょうか。

つまり、島国日本の人々は、最初に、神話や神道から、素朴でまじめで女性的で平和的で文化的な感性を身につけ、そして、日本化した。次に、仏教から、生死とは何か、私とは何かという根源的な問いに対する哲学を身につけ、そして日本化した。

山折哲雄は、日本では、縁起・空とともに元来の仏教における根本思想であった無我が定着せず、無心・無私の境地を重視する傾向を示すようになった、と述べています（『仏教用語の基礎知識』角川選書）。無我とは、前に述べた諸法無我のことであり、「すべての物事は自分ではない、ないしは、実体がない」ということが腑に落ちた境地を指します。

私も、古今の仏教者のうちのどれくらいの方がこの境地をすとんと腑に落ちた形で理解しているのかわかりませんが、これまでに多くのお坊さんと接してきた感触から言うと、現代では思いのほか、山折の言うとおり、無我が定着していないようにも感じます。

とはいえ、禅宗が目指すのは無我の境地であり、どの宗派においても無我は定着していない、と言い切るのは言いすぎだろうとも思います。

無我は哲学、無心・無私は倫理学

西洋哲学的に分類すると、無我は哲学、無心や無私は倫理学だと思います。

哲学は「である」についての学問、倫理学は「べき」についての学問です（加藤尚武『現代倫理学入門』講談社学術文庫、他参照）。分割することによって物事を明確化する近代西洋流では、両者は独立です。

「心とは何であるか。無である」はまさに哲学、「物事には無心で臨むべきである」「私心は慎むべきである」はまさに倫理学です。

ここには、古代東洋の倫理学というべき儒教の影響もあることでしょうが、見方を変えると、神話・神道に学んだ古代日本の女性的・調和的価値観の影響とも考えられそうです。「私が」という自己主張ではなく、無心で、無私の心で、素朴かつ朗らかに物事を行うことによって、コミュニティ内での調和を維持しようとする知恵。自分に向かう仏教が、自分の中心は無だと見抜いたことの力を利用して、中心が無ならばそこにとらわれずに調和的社会をつくりましょう、という外への働きかけに転化する、無心・無私。なかなか日本らしい絶妙な融合だと思いませんか。

前に述べたことを思い出してみてください。

日本の中心には、何もない。言い換えれば、無常、無我、無私がある。これが、中心に自由と愛を持つアメリカとは対照的である。そして、中心に、無常、無我、無私があるからこそ、どんな新しいものも受け入れ、そして自分化していくことができる。無限抱擁です。理論武装せず、無邪気かつ素朴に受け入れ、あるときは勘違いし、あるときは曲解して、自分のものにしてきました。

外部からやって来たものに、無限に抱擁し包容し、中心を変えないまま調和的に全体のバランスを変革することができる国、日本。

その原型が、神話・神道の受け入れと、それに次ぐ仏教の受け入れであった、ということだと思うのです。そして、最初の二つが神道と仏教だったからこそ、それを維持し発展させることができた。

無邪気で朗らかな日本化は続く

日本は、その後、他のいろいろな影響も受けます。

仏教は、中国を経由して日本に入ってきていますので、中国で老荘思想や道教の影響を受けています。言い換えれば、日本文化は、老荘思想や道教の影響も受けています。もちろん、儒教の影響も受けています。江戸時代にはオランダとポルトガルの影響を、近年は欧米はじめ世界各国の影響を受けています。

仏教の影響を受けても、日本らしく無心や無私に転化させたように、他の宗教や文化もことごとく日本化されます。漢字は仮名に転化され、その結果、俳句や和歌などの日本文学が花開きました。中国から来た陶磁器も日本風に、寺院などの建築も日本風に変化します。寿司ももともとは中国から入ってきた保存食ですが、今や立派な日本文化です。他の料理もそうですね。もはや日本料理はユネスコの無形文化遺産になるほど評価されていますが、もとはと言えば外来の料理が少なくありません。天ぷら、うどんから、カレーライスまで、伝来した時代は違えど様々です。江戸期に花開いた浮世絵は日本の文化ですが、元となった木版画は随唐期の中国がルーツと言われます。琵琶や尺八も、元は外来です。琵琶の起源はペルシャ、尺八は唐の頃の中国。茶道のルーツも中国です。もちろん、ルーツが日本にあるものもないわけではありません。たとえば、琴や華道。

現代でも同じことが起こっています。漫画はもともと欧米の文化でした。それが輸入されて数十年が経った今、日本の漫画はクールジャパンと言われています。クールジャパンと言えば、ゲーム、アニメ、J-POP、アイドルなど、現代的なものがいろいろとありますが、これらはすべて外来のものが日本化された後に輸出されて脚光を浴びているものです。

カメラ、電機製品、オートバイ、自動車なども、もともとは外国で発明された製品が日本で改良されて世界中で使われているものです。私がかつて勤めていたカメラメーカーも、創業時はドイツのライカのコピーのような製品をつくっていたのに、今では世界のトップブランドです。会社名の語源は、観音。仏教です。

日本の建築家、ファッションデザイナー、演奏家、アーティストで世界的な名声を博しておられる人も少なくないですね。西洋から入ってきた概念が、日本人の手を経てさらに洗練される、というパターンは、あらゆる物事に見られます。

最近は諸外国の追い上げにあって、日本の産業競争力も落ちてきている、という面もなくはありませんが、今でも日本人の繊細な美意識や技術力を活かした高級品市場では、日本製品は高い評価を保っています。

それにしても、なぜこんなにあらゆるものを取り入れ、日本化できるのでしょうか。島国で辺境だから、新しい物事に付随している本来のややこしさをあまり気にすることなく、無意識のうちに「いいとこ取り」しているからでしょうか。先ほども述べましたように、理論武装せず、無邪気かつ素朴に受け入れ、あるときは勘違いし、あるときは曲解して、自分のものにしてきたのが日本です。

丸山真男の『日本の思想』に、以下のような記述があります。

「ヨーロッパの哲学や思想がしばしば歴史的構造性から解体され、あるいは思想史的前提からきりはなされて部品としてドシドシ取入れられる結果、高度な抽象を経た理論があんがい私達の旧い習俗に根ざした生活感情にアピールしたり、ヨーロッパでは強靭な伝統にたいする必死の抵抗の表現にすぎないものがここではむしろ『常識』的な発想と合致したり、あるいは最新の舶来品が手持ちの思想的ストックにうまくはまりこむといった事態がしばしばおこる」

丸山真男は、さらに言います。

日本では仏教の「一如」（絶対的に同一である）という考え方を安易に他のことに応用し

すぎである。そして、海外から入ってきたことに対しても、たとえば、弁証法と一如はそっくりだと言ってみたりして、わかった気になる伝統がある、と。

つまり、こういうことです。日本は古いものから新しいものまで、経験してきた多様なことを、みんな、「中心が無」の構造の中に無自覚的に持ち続けている。雑多な思想的ストックとして。しかし、中心が無だから、整理はされていない。そして、西洋がたとえば近代化のアンチテーゼとして何かに気づいたと知ると、ああそれは前にうちにあった、あれと似ているなあ、ということになる。「ポストモダン、わかる、わかる」のように。だから、欧米の人々の深い葛藤は気にせずに、気楽に結果だけ輸入することに躊躇がない。そういうことなのではないでしょうか。無邪気で朗らかな、無限抱擁性、無自覚的雑居性です。

しかし、私はそれこそがいい点なのだと思うのです。そして前に述べたように、弁証法と一如が似ているのは、もともと近代西洋流の論理が発達する前の西洋と東洋が似ていたからで、当然だと思うのです。近代西洋流が行き場を失った今、過去の原点に回帰しようと模索しているのが現代西洋なのであって、それが、原点を今も保持している日本流と似ているのは、むしろ当然で本質的だと思うのです。

では、次に、そんな日本にとって、前に述べた十の特徴はどのような意味を持つのか、について考えてみましょう。

第六章　日本人の十の特徴は良い特徴である

日本人の十の特徴は、なぜ良い特徴なのか？

お待たせいたしました。だいぶ前、第二章で述べた「日本人の十の特徴」がなぜ良い特徴なのかについて、説明したいと思います。

①日本人には裏表がある

商談での日本人の「イエス」は、それについて前向きに検討するということに過ぎなかった、という日本人の二面性。しかし、これは、白黒はっきりさせることよりも調和を重んじる日本の良い点と見ることもできます。

「根回し」もそうですね。会議でもめないように事前に調整しておくのは、平和裏に物事を決めるための仕組みです。

建前と本音を使い分けることもそうです。欧米的価値観から見ると、人格に一貫性がなくて表裏があることは自己観が確立していない問題点と評価されるかもしれませんが、そもそも人格は一つであるべき、というのは近代西洋流の一面的価値観です。子供と接するとき、親と接するとき、上司と接するとき、部下と接するときに、状況に応じて自分らしさを使い分けることだって、あってもいいではないですか。

学術的にも、文化心理学という分野では、東アジア人は西洋人よりも相手に応じて自己観を変化させがちという研究成果があります。つまり、日本人だけがそうなのではなく、隣国にも似た傾向があります。

文化心理学では、これまでの比較文化心理学への反省を込めて、新しい考え方を提唱しています（たとえば、『文化心理学─理論と実証』東京大学出版会）。

比較文化心理学は、もともと欧米で発展した心理学の諸結果が、いろいろな文化でも成立つことを検証するというスタンスに立っていました。成り立たなかったら、その国は遅れている、と判断しがちです。欧米は、悪気はなかったんでしょうが、人間は皆欧米人のようであるはずで、そうなっていない人間は劣っていると考えたのです。

たとえば、右の例。紀元前五世紀から近代までの西洋は、個人の自由を獲得し、自己を確立する過程として発展してきましたから、自らが血と引き換えに勝ち取ってきた自立した個人という価値観は絶対的尺度と言ってもいいくらい欧米人に身についています。だから、一貫した自己観は彼らの善です。

よって、比較文化心理学は、たとえば日本で、自己観が相手によって揺らぐのを見て、日本は劣っている、と決めつけてきました。謙虚な戦後の日本人も、言われてみると劣っているのかも、と無邪気に非を認めていた傾向がありました。だから、①日本人には裏表がある、と聞くと、「確かに、あるある」となるわけです。

たとえば、アジア人は「困っている人は助けるべき」と考える傾向がありますが、何百年もかけて個人主義的価値観を獲得してきた欧米人にとっては、それはナイーブで道徳的思考レベルが低い考え方と見なされがちです。弱者は救済すべき、などの合理的理由があるならばわかりますが、「誰でも救う」はないだろう、となります。

いつも部屋の電気をつけっぱなしにしているあるアメリカ人に対して「消したら？」と助言したら、「電気代を払えるだけの収入はある」と答えられたと苦笑していた日本人がいました。一事が万事、こんな感じです。日本人から見たら、もったいない、環境に優しくない、どうして自分のことしか考えないの、もっと考えてよ、という感じですよね。欧米人から見ると、また日本人は情緒的な価値を押しつけてきた。もっと個人は何をすべきかを明確に考えてくれよ、という感じでしょうか。目線が食い違っています。

で、比較文化心理学は、常に欧米側の目線から物事を見ていたわけです。

文化心理学は、ちょっと待て、欧米中心主義はやめよう、と立ち上がります。自己観には、相互独立的自己観と相互協調的自己観があるのではないか。

個人主義的に、自立を目指す個人主義的な自己観もある。電気代を払える独立した自己を目指すでしょう。

一方、個人の意思よりも集団の調和を優先し、相互協調的に、「困っている人は誰でも助けようよ」「地球のために電気の無駄遣いをやめようよ」と考える価値観もある。で、それらは、文化による違いである、と考えるのが文化心理学です。近代西洋型の枠を超えようとしているという点で、現代的（ポスト近代的）です。しかも、心理学ですので、多くの実証研究により、統計的事実を積み重ねています。

その結果わかってきたことは、皆さんのご想像どおり、欧米型では相互独立的自己観が、日本などのアジアでは相互協調的自己観が、明確な傾向として存在していました。

つまり、①の主題である「日本人には表裏があるかどうか」という問い自体、確立され統一された自己を是とする相互独立的自己観を前提とした問いです。現代の日本がすべきことの一つは、明治維新以降受け入れてきた近代西洋的価値観を妄信するのではなく、従来の日本的価値観との関係の中で再評価することだと思います。これは、ひらがなを考案したときや、神仏習合したときと同じです。相反するものの良いところを取り入れ、融合する。

明治維新（一八六八年）からこれまでの一世紀半は、私が勤務する大学の創始者もその先導者の一人でしたが、西洋の優れた点に学ぶ時代だったと言えるかもしれません。さすがに百五十年近くが立ち、潮目が変わってきました。福沢諭吉先生に楯突く気はありませんが、これからは、西洋流だけでは解けない問題を、東洋流も駆使して解決する時代になるべきだと思います。単に東洋流に回帰するのではありません。日本が、新たな「西洋と東洋のチャンポン」をつくり出すべき時代なのだと思うのです。

「西洋と東洋のチャンポン」は容易か、という話は本書の主題にも関わりますので後で述べるとして、日本人の表裏の話に戻りましょう。

日本人には表裏がある。これを、西洋の価値観だけから見て、「はいそうですか、悪うございました」と簡単に反省すべきではない、という話をしてきました。つまり、日本人は西洋的価値観（相互独立的自己観）を受け入れすぎずに、「日本人とは、人間関係を円滑にするために、複雑な人格を使い分けることのできる繊細さを身につけた国民」と考えるべきだと思います。

ちなみに、松岡正剛は「日本システムの特徴は二重性」であると述べています。たとえば、「結構」。「結構です」というとき、良いという意味と、もう要らないという意味があります。「適当」もそうですね。「適当だ」というとき、適切だという意味と、いい加減だという意味があります。同じ言葉が真反対の意味を持つなんて、奇妙な言語ですね。まさに、論理の超越。無限抱擁です。

松岡正剛はあるビール会社のコピーを頼まれたときに、二重性を好む日本人の特性に合わせて「コクがあるのにキレがある」というコピーを考え出したそうです。本来、ビールのコクとキレは相反する。それを両立するコピーをつくったから、このビールは売れたのだとおっしゃっていました。日本人の二重性は、表と裏を両立する日本人の複雑さを表しているのかもしれません。

近代西洋流の論理を超えた論理である「AはAにあらず、故にAなり」とも整合します。

②日本人は考えをはっきり言わない

日本人と会議をする際に、日本人は黙っていて意見を言わない、という話がありました。日本のような、相互協調的自己観を有する集団主義的社会では、本来、他人と違う意見を言うことは、調和を乱すことでした。ですから、意見を言わないのは、自己主張をしすぎない美徳ということもできます。あるいは、多様性を認める寛容ということもできます。

日本人は会議に大勢でやって来る。欧米の人は全権を委任された一人の人が会議に来ているのに、日本の会社組織からは大勢で来る。何か聞いても、「それは持ち帰って検討します」。これも、もちろん集団主義社会だからですよね。個人プレーよりも集団での意思決定が重視される伝統的日本社会では、みんなで行ってみんなで考えるのは理にかなっているのではないでしょうか。

そもそも、個人が考えを明確にして早い決断をするというのは、状況の変化に対して、早く判断し、事業を早く進める、という際には有効です。早く手を打てるから、変動する市場で自分たちが利益を手に入れやすい。しかし、失敗もするでしょう。つまり、早い意思決定は、ハイリスク・ハイリターンです。一方、遅い意思決定は、ローリスク・ローリターンです。なにしろ、状況は変化しているのに、なかなか決めないで、他の人が成功したり失敗したりするのを十分に見てから、しかもいろいろな人が意見を出し合いながら判断するわけですから、堅実です。利益は少なめになりますが、失敗も少なめです。

日本という国家が千五百年間持続しているのも、世界の長寿企業のトップクラスは日本勢だらけであるのも、日本がサステナブル国家だからです。そして、サステナブルであることの秘密は、遅い決断なのです。

日本という国家は、何も考えなくても安心・安全に生きていけるような国家づくりをしたあげく、子供のように何も考えないままで大人になれてしまう社会をつくってしまったのではないか、という話を紹介しましたが、それこそが、サステナブル国家。迅速な判断をしなくても生きていける社会をつくった国。言い換えれば、人々が迅速な判断をしないからこそ、サステナブルな国家になったわけです。

近代以降の工業化社会では、合理的に判断し、競争に打ち勝ち、敵を打ち負かし、利益を独占して、株主の利益に貢献する企業が良い企業とされてきました。人々も、良い大学に行き、考えを明晰に述べる力を身につけ、収入の多い仕事につき、金銭的に成功することが良い人生だと考えられてきた面がありました。相互独立的自己観です。しかし、近代の後、現代では、地球はもういっぱいになり、新大陸というフロンティアがないばかりか、地球環境問題が深刻化しています。日本の人口は減り始めましたが、世界の人口もこれから数十年から百数十年後には減り始めると予測されています。

右肩上がりの成長を目指すことが善ではなくなった現代。紀元前五百年以来、西洋が先導して世界中が追従した、合理主義的・進歩主義的・成長第一主義的・強欲資本主義的な、右肩上がり主義が、途方にくれざるを得ない現在。

こんな時代に思い出すべきは、紀元前五百年以前にあった、合理主義を超越していた頃の世界観（相互協調的自己観）ではないでしょうか。自分と違う者を認め合う寛容な社会です。そして、その頃の考え方をベースに、世界中の新しいものを受け入れ続けている国がある。それが日本なのではないか。

まさに、日本こそが、世界を救うことのできる国になれるかもしれないのです。

「考えをはっきり言わない」という、日本人としてはやや後ろめたい特徴について述べている箇所で、日本こそ世界を救える国だ、と熱弁を振るっていますが、この一見矛盾的な性質こそ、日本の醍醐味です。考えをはっきり言わないからこそ、まわりまわって、世界を救うことができる。

ネイティブアメリカンのルーツは、私たち日本人と近いと考えられますが、以下のような彼らの言葉があります。

「最初のアメリカ人（ネイティブアメリカン）は、謙虚な自尊心を持っていた。その性格にも教えにも霊的にも、傲慢さは見られなかった。言葉をみごとにあやつるものは、語らぬ被造物より優れている、などと考えたりはしなかった。それどころか、それは災いをもたらす才能と思われていた。最初のアメリカ人は、沈黙を深く信じていた。沈黙は、完全な平衡のあかしであるから」

「沈黙とは、体と精神と魂が完璧な釣りあいをとっていることである。自己を保っている人は、葉の一枚たりとも動かぬ木のように、小波一つ立たない輝く池のように、つねに静かで、実存のあらしに揺さぶられることがない」

まるで、茶道か武士道の言葉のようですね。相互協調的自己観です。近代西洋文明から隔離されていたから、原始の教えを今も持っているネイティブアメリカンと、近代西洋文明に思いっ切りさらされながらも、辺境だから、ネイティブアメリカンと同じ思いを持ち続けている日本。自分の考えをはっきりと主張しすぎることよりも、寡黙や沈黙を美徳とすること。黙っていればいいというものではありませんが、その良さは見直されるべきでしょう。

③日本人は必要以上に謝る

日本人は「アイアムソーリー」と言いすぎる、という話もあります。これも、相互独立型自己観を基本と考える欧米から見ると、妙に自信が不足しているように映るのでしょう。また、アメリカのような訴訟社会では、謝ってしまうと不利になってしまうから、謝るべきではない、と言われます。自分を守るための利己ですね。先ほどの、早い判断をして自分の会社だけ儲かろう、というのも利己でした。つまり、利己的に生きたいなら、早い判断をし、謝らずに自己主張して生きていけばいい。

しかし、世界中、日本中の平和を願い、調和的に生きていこうと思ったら、些細な摩擦にも謝るのがベストです。みんながどんな些細なことでも謝り合う社会があったら、それは極めて利他的な社会です。日本の人が必要以上に謝ると考えるのではなく、近代以降の世界では、人間社会にとって必要な「謝る」という行動を忘れすぎていると考えるべきなのではないでしょうか。

「謙虚」という言葉もあります。日本人は、謝りすぎなのではなく、謙虚なのではないか。自己主張も必要ですが、みんなが必要以上に自己主張したら、まとまるものもまとまりません。みんなが謙虚に譲り合えば、利他的社会の調和が実現できます。もっとみんながわかり合って、みんなが譲り合う世界が可能だとしたら、そのリーダーは間違いなく日本だと思うのです。

④日本人は人の目を気にする

日本人は、人の目を気にする傾向があります。これも、もはやお気づきだと思いますが、相互独立的自己観を規範とする個人主義社会で、自分だけのユニークな生き方をするためには弊害になるかもしれませんが、集団主義的で調和的な社会を築くためには良いことです。相互協調的自己観の賜物です。

もちろん、現代のグローバル社会において、日本という均一な村社会に留まり、「出る杭は打たれる」と言い続けていることの弊害もあるでしょう。ですから、時と場合に応じては、人の目を気にせず、自分らしさを発揮することも必要だとは思います。拙著『幸せのメカニズム』でも、「『人の目を気にしないこと』は『自己実現』『つながり』『楽観』と並んで幸せのための重要な因子である」と述べています。

しかし、「人の目を気にすること」には、「悪い気にし方」と「いい気にし方」があるのではないかと思うのです。

人の目を気にして引っ込み思案になり、やりたいこともできないような状態は、確かに好ましくないと思います。しかし、人の目を気にすることをポジティブに捉えると、みんなが何を考えているのか、何で困っているのかを、繊細に気配りするということです。これは、やはり、調和的で平和な社会を構築するために必要なことです。ですから、自分らしさを発揮することと、いい意味で人の目を気にすることは、両立すべきなのではないでしょうか。

学生の頃に読んで感銘を受けた『パパラギ　はじめて文明を見た南海の酋長ツイアビの演説集』（立風書房）という本があります。南太平洋ポリネシアのサモアの酋長（集落の長）が、二十世紀初頭のヨーロッパで見てきた現代人の特徴について、皮肉を込めて述べているものです。彼らの言葉では、「私の」と「あなたの」が同じ「ラウ」という言葉で表されるのに対し、ヨーロッパ人は「私の」と「あなたの」を区別する、と驚いて述べます。つまり、彼らには個人所有という概念がなく、自分のものと他人のものの区別さえしない。このヤシは、私のものであり、あなたのものでもある。この土地も、私のものであり、あなたのものである。完全なシェアです。究極の相互協調的自己観ですね。

同じモンゴロイドの血を引く日本人も、かつてはそうだったのかもしれません。あなたと私を区別する道を選びつつ、シェアの概念を残した暮らしをするために何が必要かというと、感覚を鋭敏にして他人の心を気遣うこと、人の目を気にすることだったのではないでしょうか。

つまり、相互協調的自己観を持つ集団主義的社会を円滑に維持するための一つの優れた仕組みが、人の目を気にすることなのではないかと思うのです。

⑤日本人は決断が遅い

遅い決断のメリットは、「②日本人は考えをはっきり言わない」のところで述べたとおりです。

熟考してから考えを述べることは、サステナビリティーにつながります。早い決断は、ハイリスク・ハイリターン。利己的に、自分だけが利益を得るためには適切です。遅い決断は、ローリスク・ローリターン。大きな伸びは期待できないかもしれませんが、長く持続するためには有効です。つまり、まわりの人々に対して利他的な判断になるのみならず、子孫の世代のことまでも考えに入れたサステナブル経営であると言えます。

もちろん、早い決断をしたグループ（企業や国家など）に、目先の利益は持っていかれる可能性が高いでしょう。ですから、変動的な社会では遅い決断をする日本や日本企業は低迷しがちです。一方、変動の小さい安定的な時代には、日本流が世界を席巻することになります。

戦後の高度成長期や、バブル期がそうでした。戦後の高度成長期は、諸外国で発明された製品、たとえば、テレビ、冷蔵庫、洗濯機のような三種の神器を改良することに専念した日本企業が多くの利益を得ました。バブル期も、自動車や電機産業が多くの利益を得た時代でした。逆に、グローバル・ネットワーク社会が急速に進展し、国家間のパワーバランスが急激に変化しつつある現在のような変動的な時代には、日本は分が悪いようです。

しかし、歴史は繰り返します。今後、技術進歩が停滞する変動の小さい時代がやって来たなら、再び日本は力を発揮するでしょう。全く心配はありません。

そうは言っても、一人の人間の人生は短いので、悠長に待ってはいられません。早い決断をして勝ち組になっていないと、個人は損をしてしまうのではないか、という疑問が湧くかもしれません。そのとおりです。勝ち組になりたかったら、早い決断をすべきでしょう。しかし、繰り返しますが、それは利己です。変動的社会の閉塞的な状況で遅い決断をしている日本人は、子孫の世代のための自己犠牲の精神を、無意識のうちに体現しているという面もあるのではないでしょうか。

日本人は決断が遅い、という話を述べたときに、日本人は、決断が遅いのではなく、決断するための考えがまとまっていない国民なのではないか、という問題提議もしました。蛇足ながら、こちらについても述べましょう。

「遅い決断は、子孫の世代のための自己犠牲の精神の無意識下の体現だ」と宣言するとすばらしいようですが、実のところは、「考えがまとまっていないから、決断していないに過ぎない」という情けないケースも少なくないかもしれません。

な～んだ。言い訳？　そうとも言います。しかし、まあ、いいじゃないですか。どう決断していいかわからなかったら、先延ばしにして、「決断の先延ばしが、子孫の世代のためになるかもしれないからな」とうそぶいていてもOKということなのですから。

⑥日本人は意味もなくニコニコ笑う

ジャパニーズスマイルとは、照れ笑いのような微笑みを指すと述べました。しかし、何かがあったときに、悲しみや怒りよりも集団の調和を重視して笑っていられるなんて、すごいことだと思いませんか。

同時に、負の感情を中和し、ポジティブでいるための処方箋にもなります。日本人の感情表現は、自分の感情を素直に表現するのみならず、毅然と感情をコントロールして、他人のために気遣うことにも使われます。つまり、日本人にとって、感情とは、単に自分の感情表現のための道具なのではなく、コミュニティ円滑化のための装置なのです。高度な文化的表現なのです。

なぜ、日本人だけが謎の微笑みを持っていると言われるのでしょうか。

私は、日本人に限った特徴ではないと思います。日本人のみならず、相互協調的自己観を持った人たちは、同じように、笑顔を感情表現のみならず、相互協調の装置として使っているように思います。

日本はハイ・コンテキスト社会の代表格だと言われます。強い文脈を共有している社会。「言わなくてもわかる」「行間を読め」社会です。しゃべらなくてもわかり合えるから、基本的に、無口になる。そして、感性重視になる。

一方のロー・コンテキスト社会の代表格はアメリカ。多様な文化的背景を持つ人がいるから、とにかく丁寧かつ論理的に説明しないとわかり合えない。だから、言葉数が多くなります。そして、論理的になります。

私たちは、二千年の伝統を受け継いでいて、無意識のうちに、高度な技を駆使しているのではないでしょうか。感情を使った高度なコミュニケーション。これが、数千年レベルでの文化的な深みを経験していない国の方から見ると、謎に見えるということなのではないでしょうか。

逆に、日本人は愛想が悪い、というのは何でしょうか。ハイ・コンテキスト社会に長くいたので、必要なとき以外には愛想よくしない傾向もあるということかもしれません。

⑥で述べたように、ハイ・コンテキスト社会では、いろいろと説明をしなくていいので、

無口でいられます。無口だから愛想が悪く見える。もともと、愛嬌を無理やり振りまかなくても大丈夫な社会ですからね。

⑦日本人は独立心、自尊心、自己統制感が低い

現代日本人は、他人に依存せずに自立しようとする独立心、自分の人格を大切にしたり、自分の思想や言動などに自信を持ったりする自尊心、自分を律していると感じる自己統制感が弱いと言われがちです。

そもそも、独立心、自尊心、自己統制感、などの言葉を日本ではあまり使いませんよね。まさに、個人主義的な、相互独立的自己観を重視する欧米人が重視する価値観です。欧米流の価値観から判断するのではなく、日本人は、集団主義的な、相互協調的自己観を持っているから、個人の自立よりも集団としての全体の調和を重視しているのだ、と捉えれば説明がつきます。

前にも述べましたように、日本の社会は、自分の考えを持っていなくても、つまり、無欲、無我、無私でも、暮らしていけるように、高度化された安全・安心社会である、と見ることができます。まさに中心のないことを中心とする社会。悪く言えば、何も考えていない大人をつくってしまう社会とも言えますが、よく言えば、どんな人でも、たとえ未熟でも、生き

やすい社会。

日本人がそうなってしまったのは戦後のことであって、戦前の日本には神国日本というような確固とした俯瞰的価値観があった、とおっしゃる方もおられるでしょう。確かに、明治維新から第一次世界大戦までの日本は勇ましい印象がありますが、少なくとも明治後の神国日本という価値観は、長い歴史から見ると、一時的な現象に過ぎません。

戦国時代の武士たちにも、勇ましいイメージがあります。新渡戸稲造の『武士道』によると、武士道で重要なものには義、勇、仁、礼などがあると言います。

孟子も「仁は人の心なり、義は人の道なり」と言っていますので、『武士道』より、義と仁に関する記述を取り上げてみましょう。

義は男性的・倫理的です。「卑劣なる行動、曲りたる振る舞いほど忌むべきものはない」。自らを律する倫理規範です。一方の仁は、「愛、寛容、愛情、同情」「仁は柔和なる徳であって、母のごとくである。真直なる道義と厳格なる正義が特に男性的であるとすれば、慈愛は女性的なる柔和さと説得性を持つ」。

以上より、武士道を極めた者は、自尊心や自己統制感が高そうです。しかし、前にも述べたように、武士道の基本は、仏教、神道、儒教。中心にはもちろん、無常、無我、無私があります。

ということは、「現代日本人は自尊心や自己統制感が弱い」と考えるとき、その中心には無があり、「いやいや、武士や明治の日本人には自尊心や自己統制感があった」と考えるときにも、その中心には無がある、ということです。中心が無だから、どんな時代にも対応できる。右に振れても、左に振れても、中心は無。ただ、振れすぎると、暴走してしまいますね。戦争。その話は後で述べることにしましょう。

⑧日本人は外国人に対して差別をする

「外人さんお断り」などの差別行為の原因の大半は、差別意識ではなく、むしろ気後れ感のようなものだったかもしれません。島国根性。辺境の思考。

現代日本人は、現代に生きる以上、グローバル思考をして、日本以外が日本とどう異なるのかを理解する必要はあるでしょう。しかし、ことさらに努力しなければ、海外の人たちとうまくやっていけないという閉鎖的な精神性自体が、日本らしさを二千年間維持できたことの原動力でもあります。ですから、差別と誤解されるような行動はもちろんやめるべきですが、わかりやすい中心を持つ多くの人々のやり方に染まりすぎないことも、これからの日本人が気をつけるべきことなのかもしれません。

わかりやすい中心を持つ、とは、アメリカの中心に「愛と自由」があるように、自分は何を考えて今何をやっているのかを、明確に述べられるような振る舞い方です。逆に、中心に無がある日本人の振る舞い方とは、振る舞いや思考、思想には多面性があり階層性もありますし、儀礼や慣習もありますので、単純に今何を考えているからこれをやっていると言えるものではないような複雑な振る舞いも含めて、自分に許容するような複雑な振る舞い方です。しかも、それを多くの日本人は無意識に行っている。ややこしいですね。

つまり、外国人と接するときには、外国人に理解されるような振る舞い方をする。それは日本のやり方とは違う、とわかった上で、そう振る舞う。日本人と接するときには、今までどおり、中心が無であるような振る舞いをする。そんな複雑な使い分けをすることが日本らしさだということになります。

先ほど①で、「日本人とは、人間関係を円滑にするために、複雑な人格を使い分けることのできる繊細さを身につけた国民」と述べました。まさに、このようであることが日本的なのではないでしょうか。

⑨日本人には海外コンプレックスがある

前に、いろいろな海外コンプレックスについて述べました。英語が苦手、体格や見た目のコンプレックス、自信の不足、気遣いの不足……。

④で述べた、日本人は人の目を気にしがち、という話と関係していそうです。外国人と自分を比べて、その違いに自信を持つのではなく、なんだか自分のほうが分が悪そうだと考え込んでしまいがちな傾向。

内田樹の言う「辺境人」の気質、ということでしょうか。自分たちは文化的に辺境である。コンプレックスがある。だからこそ、外のものに憧れ、無心にそれを採り入れようとしがちである。つまり、日本人が海外コンプレックスを持っているからこそ、様々なものを無自覚的に取り入れ、後には自分化するということが起きるのではないか。

実際、近現代の日本人は、西洋の文化に憧れ、家、城、町、ファッション、家具、車、そして様々な製品のデザインを、欧米から学び、採り入れてきました。この話は、また後で述べることにしましょう。

⑩日本人は日本人論が好きである

日本人が日本人論を次から次へと書き続けている理由は、日本人とは何かが明確化しにくいからだと思います。

すでに述べてきたように、〇〇人の思考や思想の中心に何かがあれば、そういう国民だ、と明記すれば〇〇人論は終わります。しかし、厄介なことに、日本の中心には無がある。無があるというのは、一見、何もないように見える。だから、外国の方から誤解されるわけです。日本人は無意味なことをする、とか、中心に何もないとか。

しかし、実際には、中心に無がある。無意味か意味があるかというような論理的な議論を超越した深い思想として、仏教的な無我や、老荘思想的な道《タオ》や、神道的な無私や、儒教的な道徳が、混ざり合う形で存在している。無だから、右にも左にもなれる。無だから、なんでも取り入れることができる。ゆっくりと、時間をかけて。右へ行っても、左に行っても、戻って来られる。何を取り入れても、日本化する。世界中でどんなに近代的世界観が流行っていても、驚くべきことにそれに染まらない。

戦後の日本の教育は、表面的には完全に近代型合理的教育体系でしたが、日本人はそれに染まりきらずに、相変わらず中心が無なままです。だから、今も世界の中で浮いている。で、浮いていることが、ちょうどいい具合に、世界のためになれる。

以上の構造が、絶妙すぎて、なかなかみんなうまく説明できなかった。だから、どの日本論も一面的ないしは部分的になりがちであった。また、世界の大きな歴史の流れの中での相対化や、現代科学技術や脳神経科学との関連性まで含めて論じるということが足りていなかった。だから、国民は納得しない。そこで、また新しい日本論が出てくる。これの繰り返しでした。

もちろん、本書は、日本論決定版のつもりです。一冊の短い本ですから、言いたいことをすべて伝え切ることはできないでしょうし、説明不足や、わかりにくい点などもあるでしょう。しかし、世界を俯瞰し、しかも科学的視点から俯瞰し、世界の歴史と日本の歴史の位置づけという全体の体系から、日本の歴史を再解釈し、現代日本人が自信を持ってこれが日本だと言えるような古くて新しい日本像を描いているつもりです。

さて、これまでに、世界史の構造と、日本史の構造を俯瞰して、日本とは中心に無がある無限抱擁国家だということを説明してきました。ここからは、よくあると思われる疑問点や反論をピックアップしながら、日本論をいくつかの視点から深めていきたいと思います。

第七章　日本人は女性的か、男性的か？

男性は男性的か、女性は女性的か？

先ほど、武士道の仁は女性的、義は男性的と書きました。私も、どちらかというと神話・神道の世界だった倭の文化は女性的で、仏教的な文化は男性的な傾向があると思います。

そこで、男女差について考えてみましょう。

男性的、という言葉からイメージされるのは何でしょう。強さ、リーダーシップ、俯瞰的視点、父性愛、荒々しさ、愚直さ、厳格さ、攻撃性、自分勝手、などなどでしょうか。

女性的とは、右記の反対ですね。か弱さ、協調性、目の前のことに対処できる力、母性愛、繊細さ、エレガントさ、包容力、柔軟さ、共感力。

これらは、本当に、男性と女性の特徴なのでしょうか。

男女差について、現代科学的な視点からのコメントを一つ述べておきたいと思います。男性的、女性的と思われている性質は、当然ながら、すべての男性と女性に当てはまるわけではないということです。

男女差については、ジェンダー心理学の分野で多くの研究が行われています。その結果、攻撃性は男性のほうが高い傾向がある、非言語コミュニケーション能力は女性のほうが高い傾向がある、など、性差の一部は検証されているものの、一般に言われているほど、男女の様々な性質に大きな差はありません。性差よりも、個人差のほうが大きい傾向があります。よって、男性的、女性的とは、男性と女性の特徴を表した言葉ではなく、ある種のイメージを表す言葉と言うべきでしょう。

そう断った上で、日本人の男性性、女性性について考えてみましょう。

男性的な時代・女性的な時代

『日本人と日本文化』（中公文庫）の中で、司馬遼太郎とドナルド・キーンも、原型的には、日本人は「たおやめぶり」（手弱女振り、女性的で、優美・繊細な歌風）の民族で、上代日本人は中国言語を通して「ますらおぶり」（益荒男振り、男性的でおおらかな歌風）を学んだのではないか、と述べています。

確かに、古墳時代までの日本は「倭」と呼ばれていましたが、聖徳太子の「和を持って尊しとなす」の頃から、日本は自らを「和（ないしは大和）」と呼ぶようになります。今でも和風、和食などと言いますよね。

ちなみに、もともとは倭を「やまと」と読んでいたのですが、七世紀の元明天皇の治世に、「大和（または日本）」と書いて「やまと」と読むようになったと考えられています。

以下は想像ですが、古墳時代までは女性的な倭だったのが、仏教や漢字を輸入して進化した日本は、単に女性的なだけでなく、男性性も兼ね備えた和（ないしは大和）になった、と考えることもできそうです。弱々しい倭から、強い優しさも兼ね備えた和へ。

興味深いことに、日本の歴史を見ると、男性的な時代と女性的な時代が交互に出現しているように見えます。

彫りの深い縄文人の時代は男性的、弥生時代から卑弥呼の古墳時代までは女性的、仏教伝来や漢字の伝来は男性的ですが、ひらがなを発明して花開いた平安文化は女性的、鎌倉時代から戦国時代までは男性的、江戸時代後半は女性的、明治維新から第二次世界大戦までは男性的。

もちろん、独断、かつ、おおざっぱに、ですよ。江戸時代の武士は男性的ではないか、など、細かいことを言うといろいろと異論はあると思います。

いきなりライオンの例を出すのも唐突かもしれませんが、ライオンの雄は、群れの見張りをしたり、侵入者と戦ったりはしますが、そうでないときにはのんびりしています。狩りをしたり、せっせと子育てをしたりして働くのはメスの仕事。人間も、戦乱の世では男が働くが、平和な世では女が優勢、と仮定すると、古代から現代まで、男性的時代と女性的時代が交互に出現するのも何となく納得できます。

要するに、男性的に争ったり混乱したりする時代と、女性的に受け入れたり新たに繊細な文化を創造したりする時代を、波動のようにダイナミックに繰り返しながら、様々な物事を無限抱擁し、消化し、日本化していったのが、日本なのではないでしょうか。

では、現代はどんな時代でしょう。

二十世紀後半は、女性の権利拡大の時代でした。男性的とか女性的とかいう議論自体が差別的だと思われる時代。女性の能力は男性と同等である、という考え方が日本でも広まった時代でした。

二十一世紀になると、「草食系男子」とか「さとり世代」という、どちらかと言うとおとなしい男子が増えつつある一方、学術的にも、女性のほうが調和的リーダーに向いているとか、チームでの協創は女性が多いほどうまくいくなど、女性の能力を再評価する研究が盛んです。したがって、これからの日本は、基本的には女性的な時代なのかもしれません。

ただし、現代は、グローバル・ネットワーク社会。まだまだ世界は変動的なように思えます。乱世は男性的だとすると、現代は男性的な社会かもしれません。実際、国家間の覇権争いは熾烈です。経済的にも、政治的・軍事的にも。

ということは、日本は、男性的世界から一歩抜け出して女性的な調和の時代に行ける瀬戸際なのかもしれません。

日本は平和の国か？

日本は優しく平和的な国、と書くと、中国や韓国の方からの反論が目に浮かびます。もちろん、中国と韓国の国民が皆そのように考えているとは思いませんが、現在、二つの国の政治的中心にいる人々は、軍国主義日本の侵略の歴史を引き合いに出して、日本人は残忍で侵略的で覇権主義的だという宣伝を繰り返しています。

確かに、戦前・戦時中に軍国主義日本が二つの国の国民をはじめとするアジア太平洋地域諸国に対して残虐な行為を行った歴史は、日本人として恥ずべきだと思います。私が本書で主張している、日本は倭の国、和の国、無私の国、という記述と矛盾します。同じ日本人として、私と同じ血を引くかつての日本人の行いに対し、代わって謝罪したい気持ちでいっぱいです。当事者ではないものの、私でよければいくらでも謝ります。

ただし、実証主義的に客観的な意見を述べさせていただくと、専制君主や独裁政権や軍事政権の覇権のもと、他国に対して残虐な侵略行為を行った国や地域は、日本のみならず、枚挙に遑《いとま》がないほどあります。

もちろん、中国や韓国にも日本国内にも、東洋にも西洋にも、乱世の世の歴史があり、かつて多くの残虐な行為が行われました。現在行われている国もあります。

悲しいことですが、これは、人間の愚かな特徴です。人間の本能の中には残虐性がある。いざというときに自分の身を守るために他者に対して攻撃的になるのは、生物としての人間の脳に埋め込まれた本能の一つです。

しかも、他の動物は、自分に直接危害を与える者や自分の生存のために必要な者にしか殺意を抱きませんが、人間は、時と場合によっては、もっと広い範囲に対して残虐行為を行えるという、悲しい特徴を持っています。脳の発達に伴い抽象思考、アナロジー思考を行えるようになったことが原因の一つでしょう。

もちろん、逆の本能もあります。家族や仲間を助け、共存・共栄をはかろうとする利他心も、人間の脳に埋め込まれた本能です。人間は、利他的になれる範囲が、他の動物よりも圧倒的に広いことが知られています。チンパンジーは主に血縁関係のある家族に対してしか、えさを分けるなどの利他行動をしないと考えられていますが、人間は他人に対しても利他行為をできます。

つまり、人間は、時と場合によって、他の生物以上に広くいろいろな人やものや環境に対して利他的になれる反面、広くいろいろな人に対して攻撃的にもなれる生物なのです。

よって、日本人を誤解されている国の方に言いたいです。残虐なのは、日本人の特徴ではありません。人類の特徴です。たまたま、記憶に残る時代に外国を侵略した国が日本であったということを過剰に取り上げ、自国の教科書などに過去の日本の侵略史を必要以上に詳しく書き、戦争を知らない若い世代に反日感情を植えつけ、それによって国家としての結束をはかろうとするかのようなやり方は、そろそろやめていただけませんか、と。

とはいえ、残虐は人類の特徴なのだから仕方がない、で話を終わらせる気はありません。教訓は身に刻み込むべきでしょう。

人間は、思いのほか順応性の高い生き物です。コーピングという能力の研究が盛んに行われています。コーピングとは、新たな状況に順応する能力。立ち直れないように思える病気や障害になっても、三か月とか、三年とか、個人差はありますが、意外と短時間で、人々は新しい環境に適応して、うまくやっていけることが知られています。

良いことに対してもそうですが、悪い事態に対してもそうです。かつての奴隷、身分制度、専制君主の弾圧など、現代から見ると差別的な状況下で、弾圧される側は辛い思いをしているでしょうが、弾圧する側の人々はそれを常識と思うと、そのひどさに麻痺して気にならなくなってしまうということが起きます。

近年、物事をポジティブに捉え、ポジティブに振る舞うことを推奨するポジティブ心理学や幸福学が盛んです。私も、拙著『幸せのメカニズム』などで、幸せのためにはポジティブで楽観的であることが重要であることを主張しています。しかし、ポジティブな気分だと、残虐さに対して鈍くなり、全体主義的に振る舞いがちである、という心理学研究成果もあります。確かに、ネガティブであることを恐れず批判する精神も重要です。何事もバランスですね。

日本人の中心には「無常、無我、無私」があるから、つまり、何か特定の思想や信条にこだわりすぎないから、日本人は他国の方以上に順応力が高いのかもしれません。そのため、良い方向にも、悪い方向にも、適応しやすい特徴を持つとも言えるのかもしれません。良く言えば柔軟、悪く言えば流されやすい。戦前の日本が軍国主義に突き進んだのも、そのような特性の故だとしたら、私たちはこの教訓を心に刻んで繰り返し思い出すことが必要なのかもしれません。

逆に、戦争の結果として日本が持つに至った平和憲法も、いかにも日本的な極端な理想主義ということもできそうです。

ご存知のように、憲法九条第一項では「戦争の放棄」が、第二項では「戦力の不保持」が宣言されています。「戦争の放棄」は国連憲章にも書かれていますし、多くの諸外国の憲法にも書かれている理想主義であり、これからも維持していくべきと考えられています。

しかし、「戦力の不保持」は、現代の世界で、ただ軍隊を持たないで丸裸でいたら他国の侵略を阻止できませんので、一般には、主権国家の本質に反するものと考えられます。よって、「戦力の不保持」をうたった憲法は世界的に例がありません。そして、実際、軍隊がないと国を守れないため、日本には自衛隊が存在しているわけです。日本語では自衛隊ですが、英語では self defense force（自衛のための軍隊）です。矛盾ですね。このため、改憲の議論も盛んです。

しかし、近・現代の国家観から見ると非常識的であっても、本書で主張する近代的合理主義や論理を超越した無の国日本という観点から見ると、論理的矛盾を超越した日本らしいあり方と見ることもできるのではないかと思うのです。「戦力は戦力にあらず、故に戦力なり」です。詳しくは、後ほど述べたいと思います。

第八章　外国人に「日本人とは」を伝える方法

日本人は意味不明か？

私は、日本人一人ひとりが「日本人とはこんな人々」と世界に発信する知識とスキルを身につけたなら、日本は世界を変えるポテンシャルを持っていると思います。

このため、本書の目的の一つは、日本人が、日本人とは何かを明確に理解し、それを外国の方に説明できるようになることです。外国の人に、「日本人とは」をいかにして伝えるべきかを考えてみましょう。

いろいろと述べてきたことを一言で言うと、日本の特徴は、中心に「無常」「無我」「無私」に代表される無があること。

何もないのではなく、無がある。何もないのだったら、優れたものが入ってくるとそちらに置き換えられてしまいますが、そうならないのは、何もないように見えて実は無があるから。だから強い。無があるということを、何千年も維持し続けることができる。そして、どんな異質な文化も技術も受け入れ、自分化し続けることができる。スーパー・サステナブルです。

これだけのことなのですが、これを諸外国の方々に伝えるのは容易ではないかもしれません。

日本文化の中心に emptiness ないしは nothingness がある、というと、それはニヒリズムですね、と言われるかもしれません。前にも述べましたが、ニヒリズムは虚無主義。西洋哲学的には、本質的なことは何もないという考え方を指します。

川端康成は、ノーベル文学賞授賞式典でのスピーチの結びで言っています。

「日本、あるいは東洋の『虚空』、無はここにも言いあてられています。私の作品を虚無と言う評家がありますが、西洋流のニヒリズムという言葉はあてはまりません。心の根本がちがうと思っています。道元の四季の歌も、『本来ノ面目』と題されておりますが、四季の美を歌いながら、実は強く禅に通じたものでしょう」（『美しい日本の私　その序説』講談社現代新書）。

道元禅師の『本来ノ面目』とは次のような歌です。

春は花夏ほととぎす秋は月
　冬雪さえてすずしかりけり

四季の最も美しいものをシンプルに羅列しただけのシンプルな句。このあまりにもシンプルなものから、豊かな想像が湧き上がります。ああ、日本の自然って、すばらしい。

茶室のシンプルさ。華道のシンプルさ。枯山水のシンプルさ。水墨画のシンプルさ。皆、似ています。空白や間だと思われているところから、豊かなものが湧き出てきます。ニヒリズムだけでは、無からこんな豊かな文化が出てくることを説明できません。

というか、近代西洋流の論理を使うと、「無があるというのは、無いというのとは違う」とか、「無でも有でもなく、それらを包含する無」とか、「無から豊かな有が出てくる」という説明自体が、すでに論理破綻していて理解不能に陥ります。

西洋人にとって、日本の中心がいかに理解しにくいかを示す二つの事例を挙げましょう。どちらも、即非の論理や無我の境地と関係する禅宗の例です。

『菊と刀』（講談社学術文庫）を書いたルース・ベネディクトによると、あるフランス人学者は、禅宗のことを「厳粛なノンセンスのかたまり」と述べた、とあります。もちろん、ベネディクト自身は坐禅や禅問答が無意味であるとは思っておらず、「無我」や「無心」を含め日本の精神性について詳しく説明しているのですが。

また、ある西洋の精神科医は、禅問答は統合失調症患者の会話と似ている、と述べたと言います（『日本文明とは何か』角川ソフィア文庫）。論理破綻している、というのです。

要するに、日本の（ないしは特にその中心の一つである禅宗の）特徴を説明しようと思うと、近代西洋流の論理を超えてしまう。だからナンセンスに映ってしまう、というわけです。

つまり、日本文化の深層を説明するには、私が第四章で行ったように、そもそも近代西洋

図6　欧米人に「日本人とは何か」を説明する手順

そもそも近代西洋とは何か？
近代西洋の影響を受けた現代世界の論理とは何か？
そしてその限界は何か？

限界を認めざるを得ないことを示している事例
（素粒子論、複雑系の科学、脳神経科学、文化心理学など）

近代西洋以降のやり方だけが正しいわけではなく、それは一つの世界モデルに過ぎない。紀元前五世紀以前には、そうではない世界があった。それは、未熟だったのではなく、本質的だった。

日本の特徴は、中心に
「無常」「無我」「無私」に代表される無があること。

何もないのではなく、無がある。何もないように見えて実は無があるから強い。無があるということを何千年も維持し続けてきた。中心に無があるから、どんな異質な文化も技術も受け入れ、自分化し続けることができる。スーパー・サステナブル。

とは何か、近代西洋の影響を受けた現代世界の論理とは何か、そしてその限界は何か、限界を認めざるを得ないことを示している事例は何か、を説明する必要があるというのが私の考えです（図6に、欧米をはじめとする外国人に「日本人とは何か」を説明する手順を示します）。だから、本書でもそうしたわけです。

第四章では、近代西洋流科学の限界を認めざるを得ないことを示している現代科学の例として、素粒子論、複雑系の科学、脳神経科学などを挙げました。また、日本人の十の特徴を肯定的に述べた第六章では、欧米の個人主義に基づく相互独立的自己観のみから人間を見るのではなく、集団主義社会における相互協調的自己観も対等に捉えるべきという文化心理学の主張も述べました。

つまり、近代西洋以降のやり方だけが正しいわけではなく、それは一つの世界モデルに過ぎない。紀元前五世紀以前には、そうではない世界があった。それは、未熟だったのではなく、本質的だったのだ。これをまず、理解してもらう必要があります。

西洋人に「日本人とは」を伝えることの困難

しかし、これは厄介です。

近代西洋流の論理が身についている人には、それは正しいわけではない、という説明を受け入れがたいと感じる傾向があるからです。もちろん、私たちが日本で受ける科学教育も、私が近代西洋流と言っている論理体系に従って行われていますから、多くの現代人にとって、近代以降の論理は常識です。前に述べた「AはAではない、故にAである」はナンセンスとなります。

一般に、私たち人間は、「歴史は正しく発展してきていて、新しいものは古いものよりも正しい確率が高い」と感じる傾向がありますから、そういう意味でも、「紀元前五世紀まで戻れ、というのは抵抗がある」とおっしゃる方が少なくないのはわかります。しかし、繰り返しますが、現代科学が、それよりも古い近代科学を否定していて、紀元前五世紀に戻る必要性を示しているわけですから、新しいほうに従うとしたら、やはり、本来、紀元前五世紀に戻るべきなのですが。

混乱のないように述べておきますが、私たちが学ぶ科学教育も、近代型の論理以外のものを否定しているわけではありません。授業は、科学は正しいから信じなさい、というところから始めるわけではありません。点とは何か、線とは何か、時間とは何か、質量とは何か、速度とは何か、などの定義をして、それに従って科学や数学の記述をしていくところから始めます。つまり、仮に定義をして、その範囲内で議論を進めているだけです。そもそもその定義が正しいのか、とか、本質的なのか、という議論はその外にあります。科学はその内部のことについて議論しているだけであって、そもそもそれ自体を妄信する体系にはなっていないのです。

つまり、どれだけ近代西洋流の教育を受けていても、その全体像を正しく理解しているならば、紀元前五百年以前のやり方は間違いだということにはならないはずなのです。原理的には。

原理的にはそうなのですが、人間は固定観念にとらわれがちな存在なので、なかなか理解していただくのは難しいのかもしれません。繰り返しますが、「日本の中心には無がある」ということを説明するためには、近代西洋流の論理を超えた論理があることを説明し理解してもらう必要があります。そうでないと、「中心に無があるというのは、中心に何もないというのと同じことだね。わっはっは」と言われて終わってしまいますから。あるいは、「ナンセンスだね」「論理破綻だね」で。

もう一度書きますが、論理というのは不完全な体系なのです。だから、不完全な体系である論理を用いて、それ以外のことを否定するのはおかしいのです。しかし、人はそこまで思い至らずに直感的に判断をしがちです。だからこそ、ここまでさかのぼって論じているのです。

論理が完全か不完全か、までさかのぼらなくても、文化心理学が行うように、個人主義的か集団主義的か、ないしは相互独立的自己観か相互協調的自己観か、という人間観の違いまでさかのぼれば十分なのではないか、と感じられた方もおられるかもしれません。そのほうがわかりやすいとお感じの方はおられるとは思いますが、ではなぜ、個人主義と集団主義、相互独立的自己観と相互協調的自己観が生じたかというと、やはり、古代西洋で急なメタ化は行わない論理体系が整備されるに従って、自己と他者、個人と集団の明確化が進んだからだと思います。

紀元前五世紀までの神話の時代には、東洋も西洋も、どちらかというと集団主義的で相互協調的な自己観を持っていたのではないか。古代ギリシャ哲学とウパニシャッド哲学が似ていた頃。やはり、そこまでさかのぼってみると、類似性が認められることを認識した上で、西洋は、論理化、合理化、個人主義化、相互独立的自己観化を選んだのだという歴史的文脈を理解してもらう必要があるように思います。

もちろん、そちらのやり方が正しかったのではなく、自己言及的に、そちらのほうが、論理的、合理的、個人主義的、相互独立的自己観的だったというだけです。取り残された東洋のほうの、（非論理的ではなく）論理超越的、（非合理的ではなく）合理超越的、（個人主義の未発達としてではない）集団主義的、（独立性の未熟さによるのではない）相互協調的自己観を、文化相対主義（自国の文化だけの視点からではなく、それも俯瞰した視点から文化を見ようという考え方）的に捉えるべきだと思うのです。

このメタな視点を理解いただかないと、異文化の本質的な意味での理解は難しいのです。ここを省いてしまうと、何を言っているかわからない、ナンセンスだ、論理破綻だ、と言われてしまいますから、省くわけにはいかないのです。

これまで、何人かのアメリカ人に、「東洋（や日本）のことはわからない。お互いわからないことはある」と、はっきり言われたことがあります。「いやいや、こっちはそっちのことをわかっているのに、そっちがこっちのことを理解する土俵まで上がって来ないからじゃないか」と思ったものです。

理解せずに誤解するのは最悪（×）、理解できない異質さだと理解するのが△、共感はしなくても理解はするのが○、共感し理解するのが◎でしょうか。だとすると、右のアメリカ人のスタンスは△です。○になってもらうためには、アメリカ人が信じて疑わないものも相対化してもらわなければならず、これは簡単ではないということかもしれません。もちろん、すべてのアメリカ人が△止まりというわけではなく、○や◎の方もおられるとは思いますが。

一方の辺境日本人は、最強です。なにしろ、古いものから最新のものまで、内田樹流に言うと「いつもきょろきょろして」キャッチしている（『日本辺境論』新潮新書）から、なんでもわかる。サモアの酋長の気持ちから、アメリカ人の気持ちまで。

世界中で一番、きょろきょろしていて、人の目を気にし、新しいもの好きで、なんでも自分化する日本。しかも、そのすごさを自覚していない日本。クールで愛しいじゃないですか。

ヨーロッパで絶賛される日本

ただし、西洋人は誰も日本を理解しない、というわけではないようです。いや、むしろ逆です。昔から、『武士道』『茶の本』『菊と刀』『日本的霊性』などの名著が諸外国でも出版されたためか、外国の知識人の一部は日本のことをよくわかってくれています。

何年か前に、コペンハーゲンのチボリ公園の隣にあるデンマークデザインセンター（DDC）の所長と、何名かのメンバーと、食事をしたことがありました。ずっとデザインの話をしていたのですが、お酒が入り、デザインやイノベーションの話に飽きていた私は、ちょっと煙に巻いてやろうといういたずら心で、それまで全く話題に上がっていなかった日本論を吹っかけたのでした。

「西洋のデザインも洗練されているけれども、東洋には本質的に全く異なるデザインがある。たとえば、日本の禅には無がある。あるいは、『AはAではない、故にAである』という即非の論理がある。そこから、茶道、華道、柔道、剣道などの日本的な美やデザインが出てきている。こういう、無から豊かさが出てくる日本を、どう思う？」

のような感じでした。

まさに、本書の内容を、ろくに細かく説明もせずに、結果だけ述べたような感じです。きっと、そんな世界があることも理解できないし、意味もわからないんだろうなあ、と思いながら。というのは、以前より、欧米（主にアメリカ）の科学者に「心は幻想だ」という話をすることがよくあり、いつも、仏教哲学の話になったとたんに理解してもらえなくなるという苦い思いを何度もしていたからです。きっと理解してもらえないだろうけれども、日本人は、そんな、理解できないくらい複雑なことを考えているということだけは伝えておかねば。そんな、ある種の、崖っぷちの日本代表としての意見表明でした。

ところが、DDC所長の答えは極めて日本びいきでした。

「もちろん、わかっているよ。ヨーロッパにも、日本と似たところはある」

極めつきは、次の言葉でした。

「ヨーロッパ人は、若いときにはアメリカに憧れ、年齢を重ねると日本に憧れるんだよ」

うれしいですねえ。感激しました。日本のことを、こんなに理解している文化人がいたなんて。そして、その後、延々と日欧文化論に花が咲いたのでした。

私も、若い頃はアメリカに憧れていました。世界の経済や科学技術の中心はアメリカだから、アメリカに学んで、自分も成功したい、と思っていました。古くさいヨーロッパではなく、発展途上のアジアでもなく、アメリカ。それしかない。そして、二十代のとき、二年間カリフォルニアに留学しました。元気で、ポジティブで、目的志向が強くて、ハッピーなアメリカ生活に大満足し、大いに影響を受けて帰ってきたのを、今でも懐かしく思い出します。「あるエンジニアのバークレー留学体験記」という二十年以上前の自分の文章が、今も私のホームページに載っています。見返してみると、「平凡を望む者には、日本がいいかも知れない。だが、一度しかない人生を個性的に生きたかったら、アメリカのほうがいい」なんて、アメリカ大好きだった頃の私のコメントが躍っています。

その後、三十代の頃の私は成功を目指して一直線でした。四十代になって、『脳はなぜ「心」を作ったのか』を書いた頃から日本やその思想への興味が高まり、研究分野が工学から人間学に移り、現在に至ります。

今でも若々しい国家アメリカは好きですが、単に日本が平凡でアメリカがすばらしいとは思っていません。アメリカにも前向きな良さがあるが、日本にも深遠な良さがある、と思っています。

つまり、ヨーロッパ人と同じですね。若い頃はアメリカに憧れ、年齢を重ねると日本の良さに気づき、魅了される。

お気づきのように、アメリカは、最も若くて成功した国の一つ。一方、日本は、古さを残しつつ最も長く生き延びてきた国。それぞれ、全く違った良さがあります。

さて、申し上げたかったのは、世界には、極めて深い意味で日本に憧れている人がいる、ということですが、もう一つ。やはり、考えを話してみるべきだということです。前に述べた日本人の特徴の②は「日本人は考えをはっきり言わない」。私も恥ずかしがりやの日本人の一人ですので、それはよくわかります。苦手な英語で、複雑な話を伝えられるだろうか、という不安。しかし、話してみると、相手からも、すばらしい話が返ってくるかもしれません。日本人の良さが伝わるかもしれません。だから、伝えましょう。

しかも、私がデンマークでやったように、唐突に喧嘩を売るかのように話すのではなく、わかってもらうためにもっとゆっくりと時間をかけて。

本書を書いているのは、あのときの反省を繰り返さないためといっても過言ではありません。日本のすばらしさを、たくさんの日本人が、胸を張って世界に伝えられたら、なんてすばらしいことでしょう。

第九章　日本はどれくらい特殊なのか？

日本人とイギリス人は似ているのか？

アメリカと日本の比較が出てきたところで、日本はどれくらい特殊なのか、について考えてみましょう。

本書のはじめのほうでも、「日本人の十の特徴はイギリス人の特徴と言っても通る。つまり、日本人だけが世界の中で異質という議論は行き過ぎではないか」という意見を紹介しました。確かに、日本は世界の中でも特殊な国なのか、それとも、他の国とそんなには違わないのか、は気になる論点です。

日常生活の中で、外国人全員を「外人」と呼んで、「外人は○○だから」（外人は日本人よりもはっきりとモノを言うから、とか、外人は日本人ほど繊細じゃないから）などと言う人がいます。これは、日本人と、それ以外の全員、という分類をしていることに相当します。さすがに、これは乱暴ですよね。外国人の中には、飢餓にあえぐ子供から、アメリカの富豪まで、多様な人がいます。人種も文化も様々です。はっきりモノを言う人も、シャイな人も、繊細な人も、おおざっぱな人もいます。ですから、単に日本人が特殊だと思い込むことは危険だと思います。

「日本語は特殊な言語で難しく、外国語はみんな似ていて、日本語よりも簡単」という誤解もよく聞きます。日本語に似た言語は、韓国語、モンゴル語、カザフ語、トルコ語と、万里の長城の北側をぐるっと囲むように帯状に分布しています。アルタイ語族です。「主語＋述語＋目的語」のような英語や中国語型の言語のほうが多いような気がしますが、言語類型論による調査結果（グリーンバーグ、一九六三年）を見ると、「主語＋目的語＋述語」のような日本語に近い語順の言語を話す人は世界の五十パーセント、英語などの「主語＋述語＋目的語」型は四十パーセント、アラビア語などの「述語＋主語＋目的語」が十パーセントだそうです。

ですから、日本語や日本文化が特殊かどうかを考える際には、安易にステレオタイプに流されずに吟味する必要があると言うべきでしょう。

とはいえ、学術的にも日本特殊論は存在します。

サミュエル・ハンチントンは、著書『文明の衝突』（集英社）の中で、世界の文明を分類しています。

図7に示しましたように、キリスト教的西洋文明（西欧・北米）、東方正教文明（ロシア・東欧）、イスラム文明、ヒンズー文明、儒教を要素とする東アジア文明、日本文明、カトリックと土着文化を基礎とするラテン・アメリカ文明、アフリカ文明（サハラ南部）、仏教文明です。

ハンチントンの研究が、普遍的かどうかは評価が分かれるところだと思いますが、ここで

図7　『文明の衝突』における文明の分類

出所:サミュエル・ハンチントン『文明の衝突』(集英社)より

取り上げたのは、多くの文明圏の中で、なんと日本だけが、一国一文明と見なされているからです。つまり、日本は他のどの国とも似ていない特殊な国だと見なされています。

文明は主に宗教の違いによって分類されているため、確かにそれなりに説得力がありそうです。見ようによっては、日本、韓国、中国、タイ、ラオスなどの仏教国をまとめて、仏教文化圏とも言えそうですが、ハンチントンは、日本は他の仏教国とは異なると述べています。

つまり、日本の特殊性は、海外でもそれなりに認識されていると言ってもいいでしょう。

前にイギリスとの比較をしましたが、確かに、イギリスと日本は、島国であるという点では似ていますが、宗教的にはずいぶん遠いところにいますね。

私もそう思います。十の特徴は似ていても、中心にあるものは違いますよね。イギリスの中心には、英国国教会と紳士淑女の伝統があります。日本の中心には、ご存知、神道や仏教や儒教や、その他の東洋型思想の混合型の結果としての「無」があります。

しかし、イギリスは、カトリックとプロテスタントから成るキリスト教文化圏の中でも、英国国教会という独特の宗教を中心にしているという点で、諸外国との関係性は日本と似ていますね。独自の宗教と、礼儀正しい人柄、という大枠は。やはり、外国と海を隔てていることが、ガラパゴスと同じく、独自の文化を育てる風土になっているものと思われます。

ただし、日本が持つ無限抱擁性や無自覚的雑居性は東洋的な特徴であり、イギリスにあるのは別の西洋的な特徴であるように思えます。

自覚的雑居は可能か？

次に、やや言葉遊び的になりますが、日本人が無限抱擁性や無自覚的雑居性を自覚しても、その特徴は維持できるのだろうか、ということについて考えてみたいと思います。

すでに何度も述べてきたことは、日本の中心には無があるのだが、やっかいなことに、日本人はそれを合意しているわけではないということでした。合意していないから、いろいろな日本論が出てくる。しかし、どれもしっくりこない。合意していないから、いろいろなものを中心とは違うなどとは考えずに試してみることができる。それが、無限抱擁性や無自覚的雑居性につながるわけです。

そもそも中心にあるものが無だから、見えない。だから合意できない、というのが日本の中心のトリッキーなところでした。しかし、本書では、それを説明してしまっています。

ということは、本書を百パーセント理解していただいた方には、中心の無が見えてしまうことになってしまうのではないでしょうか。すると、多様なものを無自覚的に雑居させることができなくなってしまいます。なにしろ、雑居性を自覚するのですから、「自覚的雑居性」に変容してしまいます。自覚的に、多様なものを取り入れて雑居させよう、と考え始めると、もはや無限抱擁ではありません。選択的抱擁です。多様で雑居的なものは抱擁するが、均一で退屈なものは抱擁しない、というような中心のある思想になってしまいます。すると、もはや中心は無ではない。中心は自覚的雑居主義。

つまり、本書が理解されると、日本人の魔法が解け、日本人は普通の人々になってしまうのではないか。

これには、二つの答えがあります。結論から言うと、どちらの道筋から考えても、大丈夫ではないかと思います。

一つ目は、日本人が皆本書を読み、読まれた方が皆本書を百パーセント理解し、しかも賛同する、ということには残念ながらならないだろうということです。自虐的ですが。なぜなら、現代でも日本には多様な考え方が雑居していますので、考え方も多様。本書に賛同してくださる方は、これまでの経験から考えて、多く見積もっても半分くらいだと思うからです。

半分の方は反対派でしょう。前にも述べましたが、日本の中心には武士道や大和魂などの強い理念がある、という方もおられるでしょう。科学や論理を超えた論理など詭弁だ、と感じる方もおられるでしょう。スピリチュアルな世界を信じる方もおられるでしょう。神道的な世界観をお持ちの方も、仏教的な方も、他の宗教を信じる方も、無宗教の方もおられるでしょう。理想主義よりも現実主義を、という方や、相互協調的自己観よりも相互独立的自己観を、という方もおられるでしょう。日本論というシステムをデザインするという姿勢自体に、賛同できないとお感じの方もおられるでしょう。日本やその宗教や文化についての、私の解釈に異を唱える方もおられるでしょう。本書は難解すぎる、または平易すぎる、というご批判もあるでしょう。それぞれの、異なった視点からの反論が予想できます。

もちろん、それぞれの反論への反論は、(少なくとも右記のものに対しては)本書の中で述べてきたつもりなのですが、私の意図が誤解されたり、別の意味で理解されたり、様々な解釈をされることがありうるでしょうから、残念ながら言葉で考えを伝えることには限界があると思います。特に、「論理」を超えた「論理」の説明を「論理」によってしようとしているのですから、この文の一つ目と三つ目の論理が同じ意味で、二つ目は別の意味だということを誤解されると、もう、「ナンセンスだね」「論理破綻だね」になってしまいます。私も、仏教哲学者と西洋論理学者が不毛な議論をしているのを見たことがあります。プロでさえそうなのですから、本書の内容を誤解される方は残念ながら少なくないのだろうと思います。

その結果の悲観論として、本書も数ある日本論の一つと捉えられ、日本人の無限抱擁性や無自覚的雑居性はこれからも保たれることになるのではないかと思うのです。残念な理由ですが……。

もう少し、楽観論でいきましょうか。二つ目は、本書を仮に皆様が百パーセント理解してくださった場合です。うれしいですね。その場合、本書を百パーセント理解してくださった方の中にも、思考の多様性が存在します。ですから、無限抱擁性や無自覚的雑居性が理解できてもなお、無限抱擁性と無自覚的雑居性が生き続けると思うのです。

平安時代から江戸時代の日本人の思想には、現代以上に仏教や神道の価値観が影響していたと言えるでしょう。無常・無我・無私的な世界観は、現代以上に浸透していたと思います。それでも、日本人は無限抱擁的で、無自覚的雑居的でした。

明治時代の日本人の思想には、神国日本という価値観が大きく影響していたと思われます。その時代にも、日本人は、やはり無限抱擁的で、無自覚的雑居的でした。

つまり、どんな思想が日本に入ってきても、どんな思想を日本人がつくり出しても、なお日本人の価値観は無限抱擁的で無自覚的雑居的でした。よって、グローバリゼーションの進展に伴いよっぽどの世界均一化が進行しない限りは、日本人の思想の中心には無があり続けるのだろうと思うのです。

以上のように、結局「無自覚的雑居性を理解しても、無自覚的雑居状態が続く」という状態が、これからも成り立ち続けるのではないかと思うのです。現代の論理では矛盾のようですが、現代の論理を超えた紀元前五世紀頃の考え方に立脚すれば矛盾は解消します。

では、これからの日本では、無限抱擁状態・無自覚的雑居状態が、どのように進展していくのでしょうか。

特に、現代では、漢字を輸入した頃の日本とは比べ物にならないほど、世界とのつながりが強くなっています。海に隔てられているから外来のものは入って来にくかった辺境時代とは異なり、今やインターネットで一秒もかからずに世界中の情報を手にすることができます。このような現代社会では、日本人が無限抱擁状態・無自覚的雑居状態を理解するかどうかと議論しているうちに、そもそもその性質自体が消え去ってしまうのではないかという危惧も考えられます。

これに対し、私は、楽観的な日本の未来を想い描いています。その説明をする前に、現代日本人が西洋の文化や科学技術に対してどのように対峙していると考えられるのか、について考えてみましょう。

世界が注目している日本的なものを、そうと気づかずありがたがる日本

⑨の「日本人には海外コンプレックスがある」でも述べましたが、日本人が海外のものを取り入れられる背景には、なんとも言えない憧れや劣等感があるようです。舶来品信仰と言ってもいいほどの。戦後は、西洋への憧れが強いですよね。

日本人は、イタリアの衣類、フランスのバッグ、ドイツの車、スイスの時計、デンマーク

の食器、アメリカのハリウッドや大リーグのスターなど、欧米先進国の文化や科学技術が好きです。たぶん、平安時代には中国の文化に憧れていたことでしょう。時代は違っても、海外のほうがいいと思いがちな日本。

しかし、たとえば、最近ではフランス人シェフが、こぞって大阪の辻調理士専門学校で日本料理を学んでいるという話もあります。フランス料理をつくるとしても、全く異なる和食の技を身につけていると、ミシュランの星付きレストランが、さらに優れた料理をつくれるようになると評判なのだそうです。海外の寿司ブームも、今なお増殖中。日本食はもはや無形文化遺産になるくらい、世界で注目を集めています。

つまり、日本人から見ると、おいしい料理はフランス料理だと思いがちかもしれませんが、世界は、日本人が思っている以上に日本に注目しているのです。

自動車や時計だってそうですよね。技術力は、今や日本が一番です。ところが、今でも日本人は、ドイツの車やスイスの時計を欲しがります。日本では、高級品はヨーロッパ製。ヨーロッパでは、日本製のすばらしさが知られているというのに。

様々なムーブメントにも、同様な傾向が見て取れます。

たとえば、かつて、日本人はポストモダン好きでした。一九八〇年代、新しい芸術や哲学の流行として、日本人が飛びつきました。外来の新しい文化としてありがたがった日本人。

しかし、ポストモダンには、世界の日本化のような面もあります。すでに述べてきたように、ポストモダンとは、紀元前五世紀までの、東洋と西洋がそんなに違わなかった頃のありようへの回帰でもあるわけですから、その頃のありようを今も残している日本人に向いているのは当然なのです。

最近では、システム思考、デザイン思考、マインドフルネスなどもそうですね。

二十世紀末に流行ったシステム思考は、物事を要素還元論（物事を分けて分析して理解しようとする近代西洋的やり方）的にのみ理解するのではなく、要素間の関係性として理解しよう、という考え方です。西洋近代を超えようとする点で、哲学でいうと構造主義（要素という主体があるのではなく、むしろ要素間の関係性にこそ意味があるという考え方）や、ポストモダンと整合性のいい考え方です。

西洋人の教授から「システム思考は、東洋人のほうが西洋人よりも得意なようだ」というコメントを聞いたことがあります。集団主義的な東洋のほうが、個人主義的な近代西洋よりも全体のことを考える傾向があるため、それは当然だと思います。なのに、システム思考は西洋から来た新しい方法だとありがたがる日本人。

二〇一〇年代に流行しているデザイン思考も似ています。デザイン思考は、明確な役割分担に基づく合理的でシステマティックな企画・開発・製造・評価という近代西洋的な設計へのアンチテーゼとしてカリフォルニアから広がったもので、仮説を持ちすぎないユーザーの観察、質より量のアイデア出し、簡便なたくさんの試作をチームで渾然と行うことによって、イノベーティブな製品やサービスを生み出そうとする考え方です。これも日本でブームになっています。

しかし、デザイン思考発祥の地と言われるスタンフォード大学 d.school のとある教授に、「日本でデザイン思考が流行っているとは本末転倒だね。個人主義的なアメリカ人が、日本人のようにチームでいいものを生み出すための手法として考えられたものだよ」と言われたことがあります。日本の真似をしてつくられたものを、そうとは知らずに日本人がありがたがって真似をしている、という面もあるわけです。逆輸入ですね。

ブームになりつつあるマインドフルネスもそうですね。マインドフルネスは、もともと仏教の瞑想や禅により心を落ち着けるやり方がアメリカに伝わり、社員のモチベーションアップや仕事の効率向上に有効と考えたグーグルが全社員の研修に採用したことで脚光を浴びました。

システム思考も、デザイン思考も、マインドフルネスも、右で述べたように近代西洋流のあり方へのアンチテーゼ的な面があり、いずれも、一九六〇年代にアメリカで流行ったヒッピー文化の影響を受けています。ヒッピー文化は、主に近代以降に形づくられた制度や価値観に縛られた人間生活を否定し、自然な生活への回帰を提唱する人々の文化です。彼らには東洋の宗教が影響したと言われています。もちろん、禅などの日本の仏教は影響を与えていますし、そもそも自然への回帰は神道などの自然崇拝に近い面もあります。

つまり、アメリカをはじめとする西洋の新しいムーブメントであるかのように見えるものの多くは、日本の影響を受けていたり、影響を受けていなくても回りまわって日本的であったりするのです。それを、そうとは感じずに、ありがたがって輸入し、無限抱擁し、雑居させる日本。まさに、無自覚的雑居ですね。日本から出たものや日本的なものを逆輸入して雑居させたあげくに取り込んで、新たに日本化しようとしています。

しかし、日本的なもの、ないしは東洋的なものが西洋に行くとき、いつも一番大事な部分が抜け落ちて単純化されてしまうと感じます。システム思考も、デザイン思考も、マインドフルネスも、ニヒリズムも、柔道も、茶道も、華道も。

その一番の理由は、東洋のすごさは、本来、近代西洋流の論理を超えたところにあるのであり、近代西洋がそれを採り入れようとするのはまさに近代西洋が持っていなかったそこに魅力を感じるからであるはずなのに、近代西洋が理解するためには悲しいかな、その論理的・合理的・二項対立的価値観の中におさめなければならないというその原理的な制約のために、その最も重要な論理超越的・合理超越的・二項対立超越的な、東洋流の本質の部分が失われた形で解釈され、近代西洋流のわかりやすく軽い言葉で語られてしまうからです。たとえば、システム思考は全体も部分も見ることだよ、とか、マインドフルネスは心を落ち着ける方法だよ、とか、柔道は一本とったら勝ちだよ、とか。

本来のシステムは全体と部分を分離不可能であり、それを近似のために分離しようとしたのが近代西洋流、それを超えるために東洋から輸入されたのがシステム思考だと考えると、本来は全体と部分の分離不可能性の議論まで含んでシステム思考であるべきです。

マインドフルネスは、心を落ち着け仕事効率を向上させる方法としてアメリカで流行っていますが、仏教でのマインドフルネスは、本来、生きるとは何か、存在とは何か、認識とは何か、という哲学的問いを考え抜くための心の状態なのであって、決してそこを目的として実用的に利用するためのものではありません。もちろん、実用的に利用してもらってもいいのですが、その場合には、「本来の使い方を、かなり曲げて使っています」とはっきり自覚しているべきであろうに、仏教という全体的哲学体系の一部をそうと自覚せずに利用しているわけです。日本人が、『新約聖書』の一部を本来とは違う意図で実用的に使ったら、クリスチャンの皆さんはかなり違和感があるのではないかと思いますが、そんな感じです。

日本の武道は、ご存知のとおり、力ずくで相手を倒すのではなく、全体としてのバランスの中で相手の力を利用して相手を倒すものです。ところが、柔道が国際化されてから、力ずくの柔道が盛んになってきていて、本来の日本柔道が失われつつあるのではないかという危惧の声をよく聞きます。他の武道も同様ですね。

私は、ただ文句を言っているわけではありません。亜流とはいえ広めることが、本物を広めるためには重要ですので。亜流さえも広まっていなかったら、本物も広まりようがありませんから。

日本人にとってはまずいと感じられる寿司を世界中の人たちが広め続けてくれているおかげで、本物の寿司も高級品として世界中に広まり続けている。これと同じです。

しかし、面白いのは、欧米流のまずい寿司を新しい食べ物だと喜ぶかのように、日本人は東洋発西洋行きの様々な文化や学問や流行をありがたがって逆輸入し、無限抱擁し、雑居させている点です。

日本人は愚かだ、と皮肉を込めて言っているのではありません。もともと自分たちがやっていたことだよ、と見下していたら、再導入する熱意になりません。自分たちにぴったりそうな面白いものが海外にはあった、と飛びつくことによってこそ、再び自国文化の雑居ストックの中に取り入れ、混ぜこぜにしてみて、何か新しいものが生まれるのかどうかを試すことができます。そして、ブラックホールのような世界一の謎の思想ストックはさらに増殖していきます。

愉快ですね。日本列島が巨大な一つのアメーバのようです。何を考えているのか得体が知れない。たくさんの目がきょろきょろして世界を見ている。決して一億人全員の目が世界の最新を探しているわけではなく、鋭く素早いわけではない。むしろ、世界の変化を機敏に見定めるという点では出遅れている。でも、きょろきょろと見ている。人種的多様性は小さいから、単一民族に見える。しかし、何も考えていない人から、個人主義的な人、集団主義的な人、神道的な人、仏教的な人、リーダー、学者、右向きの人、左向きの人、いろいろいる。意外に多様である。困っている人も、幸せな人もいるが、かなりの高度な秩序は保たれている。決して馬鹿ではない。サモアの酋長の気持ちも、アメリカ人の気持ちもわかる、国民。しかし、世界に日本のすごさを発信するという感じでもない。これまでも日本的で、これからも日本的であるだろう、日本。

では、これまでどおり日本的で、しかも現代的なものまでも取り込んだ日本の未来とはどんな世界なのでしょうか。希望も含めて、以下に述べたいと思います。

第十章　全体が調和し、共生する未来社会

森のような国、日本

私の想い描く理想的な未来日本とは、豊かな森のような国です。

私が信頼する友人の一人に、「森へ」という名前の会社を経営する山田博氏がいます。「株式会社森へ」は、読んで字のごとく、人々に森へ行く体験を提供する会社です。彼が幼い子供だった頃の那須の山での経験や、ネイティブアメリカンの教えを学んだ経験、教育業界での仕事の経験から、彼自身が編み出したやり方です。

森へ行くツアーの基本は二泊三日。いずれも、六人くらいのグループで山中湖や那須の手つかずの森に入ります。静かな呼吸、静かな歩みで、ゆっくりと森へ入っていきます。森に入ると、おのおの、何かを感じる自分の場所を見つけ、そこに数十分から一時間くらいの間留まり、一人で過ごします。時間が来たら集合して、皆で対話します。基本的に、これを三日間繰り返す、という日程です。

私も、二度ほど体験しました。

「森なんて、遠足で行ったことがある」くらいに思われるかもしれませんが、手つかずの森に自分だけがいて、長時間、じっと森と対話するという経験は、都会人の想像を遥かに超えた斬新な体験です。一人で静かにじっとしていると、いろいろなものが見えてきます。日頃は都会で細かいことは観察せずに急いで暮らしている私たちが、いつもと違った開いた心と体、静かな呼吸で森を歩き、五感を鋭敏にして風や鳥や虫の音を聞き、木々や苔や土の匂いを嗅ぎ、何か自分に響く自分だけの場所で、一人になって静かに森と対話し、手で古木の苔に触れたり、裸足になって落ち葉の上を歩いたりしていると、森の豊かさがよくわかります。前に紹介した、道元禅師の歌のようです。日本は美しい。

じっと見つめていると、いろいろなことが見えてくるのみならず、ヒントに満ちています。手つかずの森は、若い芽から古木・倒木までが共存し、いろいろな木の葉が多層になって天に伸び、倒れた木に苔やキノコが生え、鳥が舞い、虫が這い、風や雨が音を立てる、まさに多様性と共生の世界。自分は協創システムの一部であるとしか考えようがない、圧倒的な調和の世界。

最初に山中湖の森に入ったときの私のメモには「自分がこの世の一部であるということ以上に、何を望む必要があろうか」と思わず書いていました。もう何も要らない、ここで死んでもいい、というくらいの至福でした。衝撃でした。森に入ったそれぞれの人間の課題に対する回答がすべて用意されているといっても過言ではないくらい、生命のヒントに満ちた多様な共生の世界です。

このたび、本書を書いている途中で那須の森に行きました。そして、一人で小一時間、森の中で過ごしました。

晴れた冬の日。まだ倒れてからそんなに日が経っていないと思われる大きな倒木の根元の雪の上に寝転がって見上げると、強風の中、まわりの木々が寄り添って揺れながら人間を見下ろしているようです。木々はみんなで枝を広げ合いながら、光を巧みにシェアしています。まるでパズルのように、ちょうどみんなが光に届くように、それぞれの木が枝を広げています。そして、私の真上、すなわち、かつては倒木が枝を広げていたはずの場所だけ、すっぽりと青空が見えます。その空間に向けて、若い木々が懸命に枝を伸ばしています。

つまり、自然は循環する開放システム。あらゆるものが意味を持っている。共生しているからサステナブル（持続可能）。多様だからレジリエント（頑強）。そして、もちろん、人間はその一部。私たちは抱かれている。

そんなことを想いながら木々を見上げていると、日本というのは森のような国なんだと思えてきました。もちろん、そうではない部分もあると思うのですが、私が本書で述べている、中心に無があり、それを知らないかのように過ごしているけれども全体として調和している国というのは、森のような国ということではないかと思えてきたのです。

日本の思想の元となった神道は、もともと自然への畏敬の念から発生したものですから、神道と森が似ているのは納得がいきます。また、二つ目の中心である仏教の諸行無常、諸法無我、涅槃寂静は、「自分がこの世の一部であるということ以上に、何を望む必要があろうか」と同じ意味です。すべてのものが移り行くこの複雑系の世界の中で、自分はそのほんの一部として生かされているに過ぎず、それを実感する瞬間に心は澄んで何の迷いもない。いや、心すらない。自然との合一です。

日本の武道や茶道も、森と似ています。武道では、力ずくではなく相手の力を利用します。茶道では、静けさとシンプルさを味わいます。これらの相互依存性も、森のようです。

森は、私たちを無限の優しさで抱擁してくれるようであり、動植物たちは無自覚的に雑居しているようです。しかも、調和が保たれ、豊かに成り立っている。

日本の国土の七十パーセントは森林です。それが日本人の心に影響したのか、日本人は、国民のあり方自体が森のようなのではないか。

森から帰って来た次の日に書いたのが表1です。

日本型システムの理想型

表1の左側は、全体が調和していて共生する森のような社会。日本がこうだったら最高だと私が思う、目指すべき日本のモデルです。ただし、日本がすでにこの理想に到達しているかというと、むしろ現代日本は昔よりも右側のシステムになってしまっている面もあるように思います。そこで、あえて「日本型システムの理想型」と書きました。

表1　日本型システムと近·現代型システムの特徴

システムの評価項目	全体が調和し共生する社会モデル（日本型システムの理想型）	勝ち残りゲーム式社会モデル（典型的な近・現代型システム）
システム全体の構造の特徴	フラット・ネットワーク型	トップダウン・ピラミッド型
システムの構造の特徴	多様・複雑・冗長・無駄	単純・合理的・必要最小限
システムの概念的特徴	生命的・有機的	機械的・モジュール的
人々の関係性	協力的・相互依存的	競争的・個人主義的
人々の振る舞い方	謙虚で優しい（利他的）	自己主張（利己的になりがち）
人々のつながり方	想いによるつながり	統率によるつながり
人々の心の状態	安心（マインドフル）	不安（ストレスフル）
リーダーシップのタイプ	調和型リーダーシップ	牽引型リーダーシップ
目的のありよう	目の前の目的にとらわれすぎない	明確な目的・ミッション
解のありよう	多様な満足解がありうる	単一の最適解を目指す
問題解決の進め方	仮説を持たずいろいろとやってみる	合理的な計画・分担・管理
重視される心的価値	研ぎすました感性・感覚が重要	論理的な構造化や判断が重要
問題解決のスピード	ゆっくりと自分のペースで	スピードの速い者が勝ち
変化への対応性	短期的変化には一見対応困難	短期的変化への対応が得意
持続可能性	サステナブル（持続可能）	長期的持続は苦手
強靭さ（レジリエンス）	想定外の事態にもレジリエント	想定外の事態にもろい
想定外の事態への対応性	想定外の新展開が生じる	予定どおりの成果を目指す
前提とする社会システム	循環型社会が前提	一面的な進歩・成長主義的
有効性を発揮できる場	オープンで変化する社会で有効	先の読める閉じた社会で有効
システム間の関係	すべてを活かし共存	弱肉強食
勝敗の有無とその価値	すべてが意味を持つ	敗者は退場
社会の向かう方向	幸福で平和な社会に向かう	不幸な格差社会に陥りがち

右側は、森のようではない、勝ち残りゲーム式社会モデル。本書で、「近代西洋型」と呼んでいるモデルです。もちろん、近・現代型の社会には調和や共生が全くないというわけではありません。この対比は、話をわかりやすくするための極論だとお考えください。あえて典型的な近・現代型システムと書いているのは、そういう意味だとご理解ください。

また、森にも生物たちのサバイバルゲームは繰り広げられていますから、森は右側のシステムにも似ているのではないかというご指摘もあるでしょう。確かに、調和に見える森の均衡状態は、競争の結果としての共生です。過酷な生存競争の結果です。しかし、まわりをみんな蹴落として自分だけが勝ち残ろう、というタイプの競争ではないですよね。みんなの良さを絶妙に活かし合うような、相互依存的な相互作用の中での、調和的な均衡。湿潤で温暖な日本の森は、乾燥地帯や寒冷地帯とは風土が異なり、多様性が高く豊かです。

このような点も含めて、表1に即して左右のシステムの違いを考えていきましょう。

その前に、表1においてシステムというとき、対象とするシステムは、あなたの家族、親戚、友人、地域、職場といった小さなコミュニティから、市町村、都道府県、日本、アジア、世界といったような大きなコミュニティまで、様々な社会システムを指すこととします。

それから「全体が調和し共生する社会モデル」と「勝ち残りゲーム式社会モデル」という名称は長いので、以下では「全体調和モデル」「勝ち残りモデル」と略記することにします。

まず、「システム全体の構造の特徴」が、フラット・ネットワーク型なのが、全体調和モデル（日本型システムの理想型）。それに対し、トップダウン・ピラミッド型なのが、勝ち残りモデル（典型的な近・現代型システム）です。

つまり、森には、トップダウン型のリーダーはいません。自律分散システム（それぞれが自分らしく振る舞う結果として、全体としての調和が生成されるタイプのシステム）です。みんな平等。一方、近代型のシステムでは、合理的な意思決定のために、ピラミッド型の組織がつくられ、命令系統も明確化されていて、無駄がありません。

現代はインターネット社会なので、フラットでネットワーク型のシステムというと、それなりにきちんとしたシステムのような気がするかもしれませんが、要するに、管理されていない、めちゃくちゃな構造の社会ということです。誰がどこで誰とつながっているかもよくわからない。責任範囲もよくわからない。とにかく、多様なものがたくさんあって複雑だから、ピラミッド型（ツリー型）に組織を整理して示したりできない。

まさに中心が無で、無自覚的雑居ですね。一方のピラミッド型社会は、頂点に理念やビジョンがあります。

前に述べた、事業部長も部下も意思決定しない、というのがいい例です。日本の会社組織は、形式的には近代西洋流のピラミッド型になっているけれども、実は、命令系統があいまいで責任が不明確なことが少なくない。こう書くとフラット・ネットワーク型のほうが劣っているように思われるかもしれませんが、もちろん、利点もあります。遅くてどこで完結するのかわからないような意思決定により、全体の調和が維持されます。

「システムの構造の特徴」は、全体調和モデルでは、多様・複雑・冗長・無駄。一方、勝ち残りモデルでは、単純・合理的・必要最小限です。つまり、勝ち残りモデルでは、なるべく単純で合理的で必要最小限の組織構造により、確実かつ効率的に新たな製品やサービスの生成をはかります。

たとえば、現代の一般的な農業。農地には農薬がまかれ、農作物以外のものは生えません。農作物の収穫を最大化するように、農地の植生を単純化し、合理的に、必要最小限のものしか存在しない構造をつくっています。

少ないながらも、全体調和モデルの農業もあります。映画『奇跡のリンゴ』で有名な木村秋則さんの自然栽培は、有機肥料さえも使わず、雑草と作物が共生する自然の循環を大切にします。多様で複雑です。一見、冗長で無駄なものも生えているように見えます。しかし、自然の森の土のようにふかふかしてツーンといい匂いのする土の上で、他の植物とも共生している作物には、害虫も付きにくいと言います。まさに、近代西洋型の合理的なやり方のアンテーゼとしての、自然な共生系（ないしはそこで生成されるプロダクト）ではないでしょうか。

もちろん、農業だけではありません。勝ち残りモデルの工業も商業も同じですね。勝ち残るためには、いかにして多様で複雑で冗長な無駄を整理し、単純で合理的で必要最小限な組織や製造工程や物流システムをつくるかが勝負です。無駄があっては負けてしまいますからね。

「システムの概念的特徴」は、全体調和モデルでは、生命的・有機的である一方、勝ち残りモデルでは、機械的・モジュール的です。森や自然栽培の例からも明らかなように、前者は本来の生物らしいあり方、後者は生物らしさを無視して合理化を押し進めすぎたやり方と言えるかもしれません。合理的組織は成果の最大化には向いていますが、人間や生物たちの幸せには向いていないのではないかと思います。

私が行ってきた幸福学の成果からも、各人が目標と夢を持ち、つながり合って、前向きに自分らしく生きることが幸せのために重要であることがわかっています。機械的・モジュール的組織が徹底すると、人は個性を奪われ、与えられた仕事を与えられた分量行うだけという不幸に陥りがちだと思います。

演劇、コミュニケーション、認知心理学の研究をされている平田オリザさんも、ロボットの動きがぎこちないのは無駄がないからだとおっしゃいます。そこで、無駄を取り入れたロボットの開発も進めておられます。ロボットが人間的になっていく今、ロボット的な人間にならないよう気をつけたいものです。

「人々の関係性」は、全体調和モデルでは、協力的・相互依存的。文化心理学の言葉で言うと、相互協調的自己観に基づいています。勝ち残りモデルでは、競争的・個人主義的。相互独立的自己観に基づいています。

　これまでも述べてきましたが、自立した個人を善しとする近代型の価値観からすると、相互依存的な甘えの構造は大人になりきれない日本的未熟さに映るかもしれません。しかし、考えてもみてください。誰にも頼れないコミュニティと、必要なときには誰かに頼れるコミュニティと、どちらがいいですか。

　岡檀の『生き心地の良い町　この自殺率の低さには理由がある』（講談社）でも、自殺が少なく幸福度が高い地域では、協力的・相互依存的な特徴があると述べられています。すなわち、自殺の少ないコミュニティでは、コミュニティ内の人々の紐帯《ちゅうたい》（つながり）が弱く、他者に関心は持つが監視はしない淡泊な人間関係があり、困ったときに助けを求めることへの抵抗感が少ないなどの特徴があると述べられています。

一見、意外なのは、協力関係・相互依存関係があったほうがいいものの、それは弱く淡白でいいという点です。強すぎる協力関係は、まるでピラミッド組織内での仕事の分担ですよね。そんな、明確で構造的な合理的協力関係ではなく、いざというときに頼れる弱くあいまいなつながりこそが重要なようなのです。まさに、森のようです。

ただし、日本は先進諸国の中でも自殺率の高い国であることが知られています。現代日本は、相互協調的・相互依存的なコミュニティにはなっていないのではないか、という疑念が浮かびます。残念ながら、そういう面はあるでしょう。私がここで述べていることは、無限抱擁し、無自覚的雑居する日本の未来はこうあってほしい、という理想像です。中心に無があるから、つまり、強すぎるポリシーやイデオロギーを持ちすぎないから、誰とでも協力でき、容易に他人に依存することができるはずの日本人。

ところが、現代の日本社会は、まだまだ競争的・個人主義的な面が多々あります。

私が博報堂の「地域しあわせラボ」と共同で日本人一万五千人に対して行った調査によると、友達の数と幸福度には明確な相関関係がありました。友達の数がゼロという方は、明らかに幸福度が低い傾向がありました。そして、友達の数がゼロという方は、一万五千人中、一三四九名（全体の九パーセント）もおられました。

驚くべきことに、日本人のほぼ十人に一人は、友達がいないのです。あらゆる手を尽くして、友達の数がゼロという方を減らすことは、これからの日本を協力的・相互依存的社会にしていくために急務です。つながりは弱く淡白でもいいから、誰もが助けを求められる協力的・相互依存的社会をつくるべきなのです。

「人々の振る舞い方」は、全体調和モデルでは、謙虚で優しく、集団主義的なので、利他的です。無限の抱擁。一方の勝ち残りモデルでは、明確な自己主張により生き延びることが重要ですので、悪く言えば利己的、良く言えば自己統制的です。これも、現代の日本が調和・共生社会かと言われると、考え込まざるを得ませんね。そうではない人も、少なくないのかもしれません。しかし、日本はもともと、謙虚で優しい社会であったはずです。ここで私が述べていることは、明治維新後ないしは戦後に失った日本の良さを再発見し取り戻そう、という運動だと言うべきかもしれません。

もちろん、単に平安時代や江戸時代に戻れと言うつもりはありませんし、できるわけもありません。平安時代から江戸時代、明治時代、そして戦後の日本のすべてを一度俯瞰的に見直してみると、世界をリードする日本を目指す、表1のような元気の出る未来型日本再構築法があるではありませんか、と申し上げたいのです。

「人々のつながり方」は、全体調和モデルでは、想いによるつながり。勝ち残りモデルでは、統率によるつながり。統率の中心には、勝つための明確な理念やビジョンがありますが、想いによるつながりには、もっと優しい理念やビジョンがあいまいな感じで共存しています。中心に無があると言ってもいいでしょう。あるいは、先ほども述べた、弱い紐帯。

「人々の心の状態」は、全体調和モデルでは安心（マインドフル）。つながり助け合う社会は、安心・安全です。幸福度も高い。幸福な人は、不幸な人よりも長寿であることも知られています。一方の勝ち残りモデルでは、不安（ストレスフル）。いつも気を張って戦う競争社会では、気が休まる間もありません。

「リーダーシップのタイプ」は、全体調和モデルでは、調和型リーダーシップ。勝ち残りモデルでは、牽引型リーダーシップ。「二十世紀は競争社会であったが、二十一世紀は協創社会である」と言われます。競争社会では、ぐいぐいひっぱる牽引型リーダーが必要でした。しかし、皆が共に力を合わせ、皆の想いを形にすることが個人の利益よりも優先される協創社会では、皆の想いをおもんぱかり調和を大切にする調和型リーダーが求められていると言えるでしょう。

協創が必要な背景の一つには、もはや地球はいっぱいになってしまい、自由に競争している場合ではない、ということが挙げられます。地球環境問題は、競争では解けません。すでに顕在化し始めている二酸化炭素やオゾン層の問題。将来顕在化することが確実な水不足や食糧不足、パンデミックの問題。協力し、人類の知恵を皆で出していかなければ問題が解決できない協創の時代。しかし、実際のところ、愚かな人類はまだまだ競争ばかりしています。今こそ日本の理念を世界に発信し、日本化された協創世界をつくっていくべきときなのではないでしょうか。現代とは、明治維新後ないしは戦後に失った日本の良さを再発見し取り戻し、世界に発信すべきときなのです。

「目的のありよう」は、勝ち残りモデルでは、明確な目的・ミッションであるのに対し、全体調和モデルでは、目の前の目的にとらわれすぎないこと。

人間の本来の目的は何でしょう。生きとし生けるものの幸福と平和ではないでしょうか。自分の仲間だけの救済ではないはずです。

つまり、目の前の目的を合理的に追求した者が勝ち、という近代流の目的明確化をしすぎずに、「では最終目的は」と問うてみるべきではないでしょうか。あなただけが勝つのでいいのですか。近代流に憧れるのはそろそろ終わりにして、無限に抱擁してみんなを救う、巨大な母親のような倭の国、和の国に戻りませんか。

「解のありよう」は、全体調和モデルでは、多様な満足解がありうる。勝ち残りモデルでは、単一の最適解を目指す。ゲームのルールを合理化、単純化して勝ちにいく勝ち残りゲームでは、「いろんな答えがあるよね」と言っていても戦略が定まりませんから、ややこしい話は切り捨てて、最短で利益が出る道を目指します。しかし、それは、自分のため。ないしは、目先の利益のため。近視眼的です。みんなが利益を享受するためには、もっと複合的で、豊かな解決策があるのではないか。それを模索するのが、多様な満足解指向です。

満足解とは、設計論の言葉で、最適ではないけれども、ある設計条件をクリアしている答えの群ということです。ベストではないけれども、悪くないベターな答えたち。こちらのほうが、多様な者に利益を分配できる可能性が高まるのではないでしょうか。

多様な満足解がありうるけれども、どれがいいかわからないとき、一番いいのは、いろいろとやってみることです。一方、単一の最適解が明確ならば、やみくもにやってみるよりもきちんと計画するほうが得策です。したがって「問題解決の進め方」は、全体調和モデルでは、仮説を持たずいろいろとやってみる。勝ち残りモデルでは、合理的な計画・分担・管理。

全体調和モデルでは、どうして、どの答えがいいかがわからないような状況が生じるかというと、様々な問題が複雑に絡み合っていて、ステークホルダー間の関係性も複雑。整理されていないからです。そんな（手つかずの森のような）未開の状態では合理的に社会を形成できないではないか、と合理化を進めたのが近代西洋流なわけですから、当然、勝ち残りモデルで「重視される心的価値」は、論理的な構造化や判断です。

一方、全体調和モデルで「重視される心的価値」は、研ぎすました感性・感覚。人間的ですね。左脳（論理脳）に偏った現代社会。もっと右脳（感性脳）も使いましょう、というわけです。

「問題解決のスピード」は、全体調和モデルでは、ゆっくりと自分のペースで。勝ち残りモデルでは、スピードの速い者が勝ち。だから、一見、勝ち残りモデルのほうが、その名のとおり、勝ち残れそうです。

しかも、「変化への対応性」も、全体調和モデルでは、短期的変化には一見対応困難。勝ち残りモデルでは、短期的変化への対応が得意。やはり、勝ち残りモデルのほうが、勝ち残れそうです。

しかし、「持続可能性」は、全体調和モデルでは、サステナブル（持続可能）。勝ち残りモデルでは、長期的持続は苦手です。そうなんです。勝ち残りモデルは、自分のまわりの、理論武装できる範囲だけを単純モデル化し、まわりを蹴落とし、自分だけ儲かるためにはうまくいきますが、所詮、見ている範囲は自分のまわりだけです。空間的にも、時間的にも。

全体調和モデルではもともと、時間的、空間的に、世界を広く見ている。よって、持続可能性に優れるのは当然です。目先のことではなく、世界全体の持続可能性をそもそも第一に考えているのですから。先ほどの、目先の変化への対応では劣っているように見えていただけです。目先の小さな変動に対していくつか失敗しても、大きな時代の流れの中をゆったりと生き抜いていけば、当然、サステナブルです。

アメリカのゴアやオバマが、環境問題や平和問題に対して少しいいことを言ったらノーベル賞を受賞するのを見てぶったまげますよね。それくらいのこと、チベットや京都の普通のおばあさんが千年も前から言っていますよ。「世界中の人が幸せでありますように」と。もともと、全体調和モデルなのですから。しかし、勝ち残りモデルの人たちにわかる、合理的な言葉で述べないと、彼らには伝わらないということです。痛感しますね。

つまり、これからの、全体調和モデル推進派の人たちは、勝ち残りモデルも十分に理解し、彼らの理解範囲も理解した上で、彼らに戦略的にメッセージを発する必要があるということです。そして、それができるのは、すでに両者を体験して身につけている、知的でまじめな日本人しかあり得ません。

「強靭さ（レジリエンス）」は、全体調和モデルでは、想定外の事態にもレジリエント。勝ち残りモデルでは、想定外の事態にもろい。そうなんです。一見、勝ち残りモデルのほうが、想定外のことにもがっちり論理的に判断して打ち勝ちそうですが、多様性が失われていると、結局は弱いのです。

多様な森と、単純な森。過酷な気象変動があったとき、どちらが生き残るでしょう。自然淘汰の法則は、何らかの要素が予想外の形も含めて何らかの効果を発揮する可能性を有するから、多様なほうが生き残る確率が高いことを教えてくれます。

「想定外の事態への対応性」は、全体調和モデルでは、想定外の新展開が生じる。勝ち残りモデルでは、予定どおりの成果を目指す。多様だと、想定外の新展開が起こります。

ひらがなは、もともとは単なる行書。浮世絵は芸術ではなく庶民の娯楽。ウォークマンもプリウスも技術者の道楽だと思ったら、想定以上に売れました。日本型のヒットは、実は計画的というよりも想定外であることが少なくないのです。アップル社のように計画的にiPhone や iPad を売るほうが勝ち残りゲーム的には優れて見えますが、多様なものが湧き出ているほうが、後々の発展可能性につながります。

魚の胸びれが何の拍子か長くなった結果として人間の手や鳥の翼になったように、多様な進化は後で想定外のメリットをもたらします。逆に、無駄のない組織は想定外の事態が生じたら一気に滅びます。前に、単純で合理的で必要最小限な機械的・モジュール的構造は、成果の最大化には向いていますが、人々の幸せにはつながらない、という話をしました。実は、想定外の事態への対応性にも劣るのです。

「前提とする社会システム」は、全体調和モデルでは、循環型社会が前提。勝ち残りモデルでは、一面的な進歩・成長主義的。これも、大きな分岐点ですね。

皆さんは、現代社会とは、ますます進歩が加速して競争が激化している世界だと思いますか。あるいは、人間は相変わらずだなあ、と思いますか。科学技術だけを見ると、進歩の速度が増しているように思えるかもしれませんが、何千年も前と同じように争いを繰り返し、同じような欲にまみれている人類を見ていると、特に進歩していないと言うべきではないでしょうか。ましてや、哲学的なポストモダンは紀元前五世紀への退行に見えます。

『絶望の国の幸福な若者たち』(講談社)の著者、古市憲寿さんが、テレビの報道番組でうまいこと言っていました。「テロに国家が脅かされる今は、新しい中世的な時代」だと。

確かに、国家秩序が確立したのが近代。9・11以降は、国家秩序が不十分な中での争いが行われていた中世に歴史は退行した、と見ることもできます。中世的になってしまった現代を救う方法は、再現代化するか、古代化するか。全体が調和し共生する社会とは、現代的で古代的な循環型社会なのだと思います。

表1の項目、あと四つですね。

「有効性を発揮できる場」は、全体調和モデルでは、オープンで変化する社会で有効。勝ち残りモデルでは、先の読める閉じた社会で有効。

「システム間の関係」は、全体調和モデルでは、すべてを活かし共存。勝ち残りモデルでは、弱肉強食。

「勝敗の有無とその価値」は、全体調和モデルでは、すべてが意味を持つ。勝ち残りモデルでは、敗者は退場。

「社会の向かう方向」は、全体調和モデルでは、幸福で平和な社会に向かう。勝ち残りモデルでは、不幸な格差社会に陥りがち。

つまり、全体が調和し共生する社会が理想的にうまくいけば、すべての者が活かされ、意味を持ち、幸福で幸せに向かう。すべてが意味を持つ。みんな大事。無限抱擁です。一方の勝ち残りゲーム式社会では、敗者は退場し、格差が拡大し、社会問題は蓄積する。これからの世界が、どちらに向かうべきかは、私には火を見るよりも明らかに思えます。

しかし、日本も含めて多くの国は、まだこれまでのルールで戦おうとしています。今こそ、森のような、無限抱擁型・無自覚的雑居型幸福社会を築く方向に、社会価値を転換すべきではないでしょうか。

いかがでしょうか。表1について長く述べてきましたが、ご理解いただけましたでしょうか。合理的な、かちっとしたやり方に行きすぎるのではなく、場合によっては、決断が遅かったり、試行錯誤をしてみたり、好奇心でいろいろと手を出してみたり、失敗もしてみたりしながら、みんなの良さを引き出していこうというやり方。悩むことにも、試行錯誤にも、無駄に見える繰り返しにも、失敗にも、必ず意味があります。そこから学んで、巨大なアメーバのような共生社会を進化・発展させていくことができるのではないかということです。

表1は二つの対比のように書かれているため、二者択一をしなければならないようにお感じかもしれません。しかし、資本主義経済を直ちにやめて、全体調和共生主義に制度を変革せねばならない、というような抜本的制度改革が、必ずしも本質なのではありません。もちろん、世界すべてが調和・共生型になるためには大きな変革が必要だと思いますが、まずは、現在の社会の中でも実現可能な部分から始められるのだと思います。

というよりも、この革命はすでに現代社会でじわじわと進行中、と言うべきだと思います。

第十一章　繁栄の時代がやって来る

長寿企業や社会的企業は、全体調和共生社会をすでに実践している

理想論はわかるが、勝ち残りゲームを戦わざるを得ない企業人はどうすればいいんだ、という声もあるかもしれません。もちろん、企業人にも道はあります。

日本の長寿企業や社会企業など、全体調和モデルを目指した企業の成功例が相次いでいます。

世界長寿企業ランキングを見ると、驚くほど日本企業が多いことが知られています。第一位は金剛組（大阪府大阪市、創業五七八年）、二位は西山温泉慶雲館（山梨県、創業七〇五年）、三位は千年の湯古まん（兵庫県豊岡市城崎町、創業七一七年）。

二百年以上続いた会社の数のランキング（『三代、１００年潰れない会社のルール』後藤俊夫、プレジデント社）を見ても、一位日本（３１１３社）、二位ドイツ（１５６３社）、三位フランス（３３１社）、四位イギリス（３１５社）、五位オランダ（２９２社）とずば抜けています。なぜ、日本企業は長寿なのでしょう。

まさに、第十章の表１に示したように、目先の利益ではなく、地域や社会とのつながりを重視し、社員の幸せを大事にし、社会全体が調和し共生することを目指しているからだと思います。

最近流行りの社会的企業も、現在の資本主義社会の中にありながら、株主の利益を最大化

することよりも、社会課題を解決することを第一に掲げている点で、全体が調和し共生する社会に向かう側の企業だと思います。貧困層への低利の少額融資によって貧困問題を解決しようとするグラミン銀行のような株式会社から、いろいろな社会課題の解決を目指すNPOまで、様々な会社・事業体の活動が始まっています。もちろん、日本にも。日本を幸せな社会にしたい、日本の会社を幸せな会社にしたい、という想いから活動されている会社やNPOの方を、私はたくさん知っています。

社会的企業は、利益が少ないけれども頑張っているのではありません。利益優先ではないのに利益が出るのです。その理由は、想いによる弱いつながりによるレジリエンスがあるからだと考えられます。利益のことを第一優先に考えて利益を出すよりも、利益のことを第一優先に考えないからこそ、その姿勢自体が多くの者の共感と支持を集め、支援が得られる結果として、利益が出るのです。

私は、仕事柄、どちらかというと勝ち残りゲームに参加されている一部上場企業の幹部や社員の方にも、全体調和モデルに向かうための新しい動きを加速されている側の方にも、お会いする機会があります。実は、両者の雰囲気は、皆さんの想像以上に差があります。

もちろん、大企業の方はみんなダメ、とは言いませんが、やる気・情熱・使命感といったパッションのレベルと、笑顔・意思力・構想力のような他人を巻き込む魅力度のレベルが高く、明らかに幸せそうな人が圧倒的に多いのは、小さくても、想いをかなえたくて何かの事業に熱中している人たちです。震災復興、地域創生、芸術振興、教育・研修事業、医療・福祉、国際交流、起業支援など、目指す目標は様々ですが、今の時代、それぞれの想いを原動力に新しい世界を目指す元気な日本人は山のようにいます。そして、確実に増加中です。

ここ数年で、確実に潮目が変わりました。十年くらい前までは、優秀な人は大企業に入るか官僚になるのが基本でしたが、最近の学生は、起業したり、ベンチャー企業に入るなど、明らかに多様な選択肢が模索され始めていて、優秀な人が従来のいわゆる優良企業に入らなくなっています。大手コンサルの人事の方も「最近はいい学生が採れない」と嘆かれますが、最近はいい学生がいないのではなく、いい学生は全体が調和し共生する社会をつくるほうを目指しているのです。

拙著『幸せのメカニズム』に、幸せな人とは、金・もの・地位を手に入れた人ではなく、夢と目標、頼れる多様な友人と家族、楽観性、独自性、健康を持っている人だと述べました。幸せな人は免疫力が高く、病気になりにくく、長寿であることも知られています。

近代西洋型ないしは二十世紀型のパラダイムでは、まずは金・もの・地位を手に入れることが幸せへの近道と考えられがちでした。つまり、勝ち残りゲームで勝者になることです。しかし、幸福学の多くの研究結果は、どうもそれは間違いであることを示しています。人々の幸せのために、全体調和モデルを目指すべきであることは、明白です。

新しい時代はもうすぐそこに

しかし、反対勢力を説得できるのか、という疑問が湧きます。頭ではそうかなとは思うが、やはり、勝ち残りゲームのほうに身を置いておいて、それなりのお金をストックしておくほうが合理的でないか。また、森みたいな雑然としたシステムで、一億の国民を養いきれるのか。これまでは、まさに、日本のような大きな国の国民を養うだけの力のある、エネルギー産業や、自動車産業や、製造業の巨大企業がいたからまだ日本人の失業者は低かったのに、一億人がみんな中小企業や個人事業主に戻ろうみたいなやり方が本当に機能すると言えるのか、という疑問もあるでしょう。

さらには、どうやって山積する課題を解決できるのか、という疑問も湧きます。少子高齢化、財政破綻、震災復興、産業競争力の低下、若者の活力の低下、政治への無関心、隣国との関係悪化、政治の無力化、マスコミの非力化、大学教育の形骸化、介護・福祉の人手不足と質の低下、凶悪犯罪の増加、自殺数の増加、などなど。こんなに課題が山積しているときに「森のような国」とか「中心が無」とか抽象論を言われても説得力がない。現実的・合理的な戦略のほうが妥当なのではないか。

これへの答えは、「まあ、見ていてください。日本人はやります」です。自信を持ってこう言うのには、理由があります。以下に、三つの理由を述べます。

まず、第一に、日本を参加者として見ていて実感としてわかります。

今の日本は、明治維新前と似ています。これまでの制度は制度疲労を起こしていて、疲弊した人々には不満が高まっている。大企業の社員が、江戸時代の武士たちです。薩長の志士たちに相当する若者も出始めている。まさに、先ほどから述べてきた社会的企業や新しいベンチャー企業の旗手たちです。そして、実際に、自治体などの従来型組織だけでは解決困難な社会課題を、少しずつですが解決し始めています。

つまり、すでに、日本は新たな時代へ向かって動き始めています。動いていない組織の人には見えないかもしれませんが、動き始めた人から見ると、変化は加速していて、どんどん大きな束になりつつあります。確実に、動いています。

第二に、歴史を俯瞰してみるとわかります。

前にも何度も述べましたが、漢字や仏教を輸入した後の平安時代の文化的繁栄、長く続いた戦国時代の後の江戸時代の文化的繁栄と重ね合わせてみると、西洋から膨大な科学技術を輸入して自分のものにした後には、かなり大規模な日本の繁栄があるとしか私には思えません。歴史は循環しています。日本の繁栄は繰り返します。あらゆる物事の相互作用の力学として。

だから、この後、日本が、日本らしい、社会問題解決的で文化的な美しい繁栄の時代に突入することは自明に思えます。もちろん、課題先進国であることが、それにプラスに働きます。いかにして大量の高齢者の健康と幸福をローコストで維持するか。いかにして少ない生産労働人口で豊かな産業力と文化力を担うか。震災復興、外交、教育、安全など、困難な問題を、いかにして協力して「森のように」解決するか。これら切羽詰まった課題に対して知恵を出すことが急務です。

では、知恵を出せばいい。知恵は、私たちの中にあります。ずっと、蓄積してきています。皆で協力して知恵を出し合えば、必ず解決策は導き出せます。森のような全体調和モデルでは、多様な人々が想いを共有し、安心して時間をかけてみんなの強みを活かしますから、必ず調和的な答えが見つかります。それに従って課題を一つずつ解決していくことが、日本の産業力と文化力を強化します。

そして、その次の時代。世界が少子高齢化時代に突入します。この新たな困難の時代を救うのは、先に経験を蓄積する日本です。明らかです。

第三に、日本が得意とする、複合的なネットワーク技術や科学技術がキーになること。

大企業型でなく、森のようなネットワーク社会で、多様な問題を多様なステークホルダーの協力によって解決し、大企業が大量生産を行っていたから得られていたような高効率なやり方で利潤を得るようなことはできるのでしょうか。

試しに、「自動車の生産」と「地域課題の解決」を比べてみましょう。

地域活性化を事業として行う場合、地域の課題は地域ごとで、地域の特徴も強みも弱みも規模もスパンも人員のフレキシビリティーも地域ごとに異なるので、自動車の大量生産のように画一化された形で対応するわけにはいきません。多品種少量生産を、日本中の小さな工場でやるようなものですから、とうてい効率化とは無縁そうです。

しかし、インターネットによるコミュニケーションや管理によって、日本中の多様なステークホルダーが協力して今よりももっと複雑な問題を解決できるようになったとしたら、どうでしょう。ある地域課題解決会社に、たとえば様々なスキルを持った十万人の「何でも屋」が登録していて、常に百万種類の案件が動いていて、十万人がちょうどいつも適度な量のやりがいのある仕事をできるくらいに手分けして、それぞれの課題解決に当たれるように調整できていたとしたら。

現時点では、そんな巨大で緻密なオンライン何でも屋マッチングサービスは存在しませんが、必要性さえあれば便利なものが発展していくでしょう。十万人、百万件というと、勝ち残りゲーム型社会モデルを想像してしまった方もおられるかもしれませんが、巨大なネットワーク型システムです。ゲームのルールが一度変わったら、これまでに見たことのない巨大な社会システムは容易に現れることをお伝えしたくて書いてみました。

いずれにせよ、日本中、世界中の多様なニーズにネットワークを通して対応するという事業を実現するためには、ネットワーク社会において大規模な協働をいかに確実に行い、小さな収入を無駄なく累積して利益につなげていくか、という超大規模・複雑・多種多様プロジェクトマネジメント技術開発が鍵になるのではないかと思います。そして、欧米人もアジアの隣国も、もう考えたくないと思うくらい複雑さが増してくると、しつこくひたすら問題解決することを楽しむことのできる日本人の本領が発揮できるのではないかと思うのです。

つまり、人間が多くなりすぎて、森のような自由なつながりではやっていけなくなったから、近代ではピラミッド型組織形態が採用されました。しかし、人間社会本来の生命的な関係性がぶつ切りにされすぎていて、レジリエンスも幸福度も最悪です。インターネットやクラウドを介した、大規模複雑ネットワークの管理技術が発展すれば、あたかも、一見ごちゃごちゃで原始的な人の集まりのように見えているけれども、そのつながり方は緻密に把握されていて、それぞれの仕事は確実にやりがいのある形で行われていく、無数の幸せな小規模事業体から成る日本（ないしは世界）という新たな形態が可能になると思うのです。そして、もちろん、そんな働き方をする人は、すでに確実に増殖中です。

以上が三つの説明でしたが、そう言われると次に聞きたいのは、いつ実現するのか、ですよね。占い師じゃないのでわかりませんが、学者として断言しましょう。三年から三百年くらいの間でしょう。すみません、範囲が広くて。

最も早い兆しはすでに出てきていますから、象徴的な分野では三年後には大きな社会のムーブメントになっているのではないかと思います。しかし、世界をひっくり返すのは、それから何十年、何百年も経ってからかもしれません。

未来予測本ではないのでこれくらいにしますが、言いたいことは、「日本が繁栄する時代は必ず再びやって来る」です。これには、自信があります。歴史は波動だからです。

私の最初の専門は振動工学といって、波動が生じたり減衰したりするメカニズムを明らかにすることでした。バネに錘《おもり》を吊るして揺らすと振動するように、日本も停滞したらその後は必ず繁栄します。バネが伸びきって止まっている状態は、一見停滞に見えるけれども、実はポテンシャルエネルギーを溜め込んでいる状態です。

歴史もそうです。何か辛い時代があったとしたら、その辛さは必ず次の時代の原動力となり、意味があったことをあとになって思い知らされます。逆もそうですよね。いいことが続くと、それにとらわれすぎて、次のイノベーションに乗り移れない。クレイトン・クリステンセンの言う「イノベーションのジレンマ」です。

日本は「和」と「美」と「技」の国

明治維新後、戦後からバブルの頃まで、日本を支えたのは科学技術の力でした。よって、一億日本を支えるには科学技術しかない、とお考えの方もおられるかもしれませんが、私は、これからの日本を支えるのは「和」と「美」と「技」だと思っています。

ちょっと古いのでは、と思う方もおられるかもしれませんが、近代以降の洗礼を受けた後にも「中心に無があるという日本のあり方は変わらなかった」と実証された暁に、クールジャパンの王道は、「和」と「美」と「技」だと思うのです。

『シュリーマン旅行記 清国・日本』（講談社学術文庫）で、シュリーマンは、江戸時代末期の日本に一か月滞在した際の様子について述べています。

「団子坂（文京区千駄木）の丘から眺めると、江戸は森の真ん中にある二つの広大な街のようである。我々は数々の美しい庭園と公園を横切って、さらに王子まで旅を続けた」「日本人はみんな園芸愛好家である。日本の住宅はおしなべて清潔さのお手本になるだろう」「日本人が世界で一番清潔な国民であることは異論の余地がない」「この国には、平和、行き渡った満足感、豊かさ、完璧な秩序、そして世界のどの国にも増してよく耕された土地が見られる」「玩具の（中略）仕上げは完璧。しかも仕掛けが極めて巧妙なので、ニュルンベルグやパリの玩具製造者はとても太刀打ちできない」「彼ら（日本の役人）に対する最大の侮辱は、たとえ感謝の気持ちからでも現金を贈ることであり、また彼らのほうも、現金を受け取るくらいなら『切腹』を選ぶのである」

うれしいですねえ。この精神性も、精密さも、清潔さも、潔癖さも。日本人の良さをよく観察しています。

ただ、シュリーマンが現代の日本の雑然とした都市を見たらがっかりしたでしょうね。

申し上げたいことは、未来の日本は、江戸時代の日本以上に美しくなるのではないか、ということです。最近、日本の伝統芸能や伝統工芸品が見直されるということがよく起きています。あるいは、地方の名産品。これから、このような事例がさらに相次ぎ、しかも世界に認められて輸出されるような例が増えていくのではないかと思います。

明治維新後や戦後は、製造業での「技」が世界的に注目を浴びることが多かったのですが、今後は、製造業のみならず、芸能や工芸など、様々な分野での「美」と「技」が世界的に注目されるようになるのではないかと思います。都市も、何も考えずに節操なくコンクリートのビルを建て続けるような時代が長く続きましたが、丸の内や六本木や表参道の一部は現代的な美しさを見せるようになってきました。もう一皮むけると、日本的な美しい都市の形があらわになるのではないかと思います。

地方都市も同様です。小布施や倉敷など、美しい都市も出現し始めています。衣食住や生き方から、工業製品・工芸品に至るまで、今後の美しい日本に期待したいものです。

理想的な未来は可能か？

未来予測は容易ではありませんが、未来がどうなるのか、気になりますよね。この機会に、世界が完全に日本化した平和で幸福な世界について思い描いてみたいと思います。

先ほど、表1を用いていろいろと述べましたが、要するに、一言で言うと、「各人が自分のために勝手に生きていたら、全体もきっとうまくいくだろう」という根拠なき楽観の時代はそろそろやめにして、「みんながみんなのことを考える、安心で優しい世界」に転換すべきだということです。

近代西洋流合理主義、個人主義、勝ち残りゲーム主義はわかりやすく優れているように見えていたかもしれませんが、宗教・民族・イデオロギー対立の問題や、地球環境問題、経済格差拡大と貧困の問題のようなグローバル・イシューを解決するためには、あまりに非力です。世界全体を公平に見渡して、全員で、あるときは痛みを共有し、あるときは自己犠牲を発揮して、全員の平和と幸福を願うような、全体俯瞰的な問題解決が必要です。それを、日本こそが買って出るべきなのではないでしょうか。

あらゆる人間活動が、世界全体の調和と共生を規範に営まれるような世界が実現してほしいと思いますが、ここでは、平和の問題、宗教対立の問題、社会経済システムの問題の三点に絞って、未来について考えてみたいと思います。

まず、平和について。

声を大にして言いたいことの一つは、人類は戦争をやめるべきだ、ということです。

理想的平和主義の一つの典型例は、アインシュタインや湯川秀樹が戦後に始めた世界連邦運動でしょう。「各国が軍隊を持つのは、無政府状態と同じだ。各国軍は廃止して、世界連邦軍だけしかない世界を目指そうではないか」

世界中のみんなの幸せを最優先に考えると、至って真っ当な主張です。軍事対立は負の連鎖を生むばかりで不毛ですから。軍隊は世界に一つ、強力な世界連邦軍しかなく、軍事独裁やテロや犯罪が封じられた世界。

しかし、今の世界では現実的ではありません。残念ながら、様々な対立が未解決の現在の世界で、すべての国や組織が「ああそうですか」と軍をすべて差し出すとは思えないですし、すべての国が合意するような形で世界連邦軍の意思決定を行えるとは思えないからです。つまり、世界の国々はまだ同じ価値観を共有しておらず、信頼し合えていない。まだ、世界連邦などという理想的な形に軍備を集約することは、できません。

だから、現実主義者は言います。非現実的な理想主義は棚上げして、現実問題に対処すべきだと。それも一つの正論に思えますが、単に目先の問題に対して争っているばかりですと、世界共通の理想がありません。共通の理想がないと何が問題かというと、共通の理想がないから当然ですが、共通の理想に向かえない。そのため、一致団結できない。

近代型・自己主張型の各国の利益最大化もいいでしょう。そうせざるを得ない各国の事情もよくわかります。しかし、各国首脳よ。一度、世界全体という大局的視点に目を移そうではありませんか。世界平和のために最もいいのは、世界連邦のような理想主義ですよね。現実はおくとして、理想としては、合意しますよね。戦争のない世界がいいですよね。だったら、理想的には、各国の主権と軍備を切り離したほうがいいですよね。

各県が軍を持って群雄割拠する国家よりも、軍は国だけが持つほうがいい、という構造を国家と世界連邦に置き換えれば明らかです。では、それを最終合意点とすることに合意しましょうよ。実現するのは、ずっと先かもしれない。現実的課題は、山積しているかもしれない。でも、みんなで共に理想を目指すということだけでも、合意しましょうよ。

これができれば、これからの未来は違うだろうにと思います。だって、これが合意できたら、総論賛成ですよ。各論は違うけれども、世界中のみんなが、みんな同じところを目指している、という状態を相互に認識できる。一番理想的なところは、みんな同じだ、と。想いを共有できる。これが信頼関係につながらずして何でしょう。

しかし、宗教も民族もイデオロギーも異なる多様な世界。しかも、中世から近代、現代と社会も少しずつまともになってきたと思ったら、新たに中世化した現代。三百年後の未来も、相変わらず愚かな人類は争ってばかりなんじゃないですか。そんな反論が聞こえてきそうです。

それに希望の灯をともすのが、日本だと思うのです。以下の点から、世界全体のあるべき姿について語れるのは、日本しかないと思うから。

一言で言うと、本書の主題である、中心に無常、無我、無私がある価値観を二千年間維持してきた国であり、その考え方が世界のお役に立てること。つまり、我欲を捨て、自分のための世界ではなく、みんなのための世界というスタンスに立てる国だから。

このことを、前に少し述べた、平和憲法から考えてみましょう。

日本国憲法は、世界連邦と同様の理想主義を、戦後七十年にわたって維持してきたものです。憲法九条第二項「戦力の不保持」。なんと、現代の世界では、まだとうてい実現困難だと考えられている世界連邦運動の理想が、七十年近く前にできた日本国憲法に、すでに書かれているのです。

現在、改憲論者が主張するのは、「戦力の不保持」という非現実的で主権国家の本質に反する憲法は改正すべきだ、ということです。一方の護憲論者は、戦後の日本人が守ってきた平和憲法を改正すべきではない、という主張。しかし、「戦争は悪だから」では護憲論者の論理は通りません。戦争は悪だからこそ、矛盾のない憲法をつくって正当に自国を守れる国にしよう、という主張のほうが合理的です。護憲論者の根拠の一つとして、今、隣国を刺激したくない、というのもあるでしょう。軍隊は人を殺す可能性があるから嫌だ、というのもあります。これらも、感情論的で、改憲論者を説得できる根拠ではないと考えられます。

それに対し、私は別の視点を提供したいと思います。先ほど述べた世界連邦運動は、各国が戦力を持たない、現代とは異なる未来的国家秩序概念です。理想主義です。各国が信頼し合えていない現代の世界で、各国が軍を持たないという世界連邦運動の理想は、残念ながらとうてい実現できません。なのに、日本は果敢にも、というか、無防備にも、というか、いや、愚かにも、というべきか、なんと、一国だけで、防衛戦略的合理性もないまま、世界連邦運動の理想を憲法に書いてしまっている。

これは奇跡です。これは合理主義的には矛盾かもしれませんが、近代西洋型の合理主義を超越した無の国日本の思想の体現の一つの形と考えれば、あえてこのままにするという解がありうるのではないかと思うのです。現実主義的改憲論でもなく、ナイーブな護憲論でもなく、矛盾をあえて憲法に書き込むことによって、無我・無私・無欲を表した、世界的に例を見ない未来的平和主義と解釈することが可能なのではないかと思うのです。

世界が目指すべき、世界連邦軍しかない世界。そんな夢物語のような理想主義。それを、他国に先んじて、あえて世界の未来の理想のシンボルとして、涼しい顔をして憲法に書いたままにしておく日本。この、私利私欲を超越した潔さ、素敵ではないですか。

すでに、こんな、歴史的に見て極端と言うべき平和憲法を掲げていること自体、日本は現代の世界の中で希有な珍国家と言うべきでしょう。中心が無だからこそ、(良い意味でも、悪い意味でも)、こんな極端な理想の掲示も実現できた。

私には、憲法九条は、取り立てて誇りだと胸を張るほどに、日本国民自身が勝ち取った実感がない一方、取り立てて屈辱だというほど無理強いされたものでもないように思います。つまり、平和憲法は、世界の歴史的相互作用の中の偶然によりできたものだと言っていいものだと思います。そこがまたいいのです。

こんな矛盾超越的・理想主義的国家理念が、様々な因果の結果として、たまたま日本にできてしまった。これが、漢字からひらがなを考案したり、漫画から日本のアニメをつくったときのように、これからの世界の歴史を動かしていく一つのキーになるのではないかと思うのです。そう考えて保持することこそが、無の国日本の使命だと思うのです。普通の合理主義的・常識的な近・現代型国家憲法につくり直すよりも。

争いのない時代はやって来るのか？

諸外国との戦争やパワーバランスの歴史の中で成立したものとはいえ、世界で初めて理想主義を掲げた平和憲法の象徴性。あえて、世界の合理的常識を超越した、人類の平和と幸せのシンボルとして、もっと世界で発信し、世界平和の中核を担っていくべきではないかと思うのです。

よく知られた童話『北風と太陽』の太陽のようです。

北風は、軍備には軍備を。手強い相手に対抗するために、軍備力による威嚇によって、相手の拡張意欲をそごうとします。しかし、こちらが拡張すれば拡張するほど、敵も拡張します。

太陽は、見返りを求めることなく、相手に暖かく接します。こっちはもう拡張をやめるよ。しかも、本気で。本気の証拠に、この無防備。どう？　この、理想を体現した潔さ。捨て身。無私の心。敵をも愛する心。滅亡をも恐れない心。そうすることによってこそ、近・現代的勝ち残りゲームを超越した知恵のある国として尊敬され、見本とされ、新たな秩序をつくっていくコアになれるのではないか。

それにしても、書いていてつくづく思うのは、『北風と太陽』で示されている本質が、近・現代社会では全く実現できていないこと。人類はなんて愚かなんでしょう。心から、嘆かわしいです。人類の一人として、恥ずかしいです。泣きたくなります。

子供たちには『北風と太陽』の太陽になりましょうね、と言っておきながら、大人たちは、何千年も、北風競争をしているなんて。力ずくの競争ではなく無償の愛が問題を解決できるとわかっていて、それを子供たちには教えておきながら、力ずくの競争が大人たちの近・現代国家の常識。何千年経っても、ちっとも進歩していない人類。馬鹿ですね。心からそう思います。人類は、愚かです。

私が日本の理想だと夢見る、調和と共生を規範とする未来社会とは、もちろん、世界中の一人ひとりが『北風と太陽』の太陽のようにみんなを照らして輝く世界です。

そういう世界をつくりましょうよ。日本から、そういう世界に、変えていきましょうよ。私たちが変えなかったら、きっと、世界はこれから何千年も愚かな北風たちの世界です。もう、やめましょうよ。こんな馬鹿げた世界。みんなで、立ち上がりましょうよ。

さて、そんな理想的な平和国家日本や平和世界の夢を描くのもいいが、隣国との領土問題を解決することのほうが先決だろう、というご意見もあるかもしれません。

隣国との関係にも、『北風と太陽』のやり方が適用できます。

もしも、あなたの家と隣の家の間に、境界の不明確なところがあったらどうしますか。

もしも、仲が悪かったら、争うでしょう。争って、さらに仲が悪くなるでしょう。

もしも、めちゃくちゃ仲が良かったらどうですか。「おまえにあげちゃうよ」。そこまで気前よくいかなくても、「半分分けするか」。分けなくても、「友好のシンボルに、一緒に桜でも植えるか」とか「とりあえず棚上げしておいて、もっと面白い話をしようか」など、いくらでもウキウキする解決策がありそうです。

ですから、個人的な意見としては、いくら文句を言われても「仲良くしようよ」と相手を暖かく照らすのがいいと思います。

そもそも、歴史を振り返ると、隣国は、何千年にもわたって、先生とお兄さんみたいなものでした。それを、七十年前に、ちょっと先生とお兄さんが弱っている隙に攻めに行ったんですから、そりゃあ、怒りますよね。しかも、相互協調的自己観を大事にする先生とお兄さんに対し、急に相互独立的自己観を振りかざしたんですから、恩知らず、となります。だから日本が悪い、と自国を責め立てようというわけではないのですが、文化相対主義を思い返していただくために、あえて日本人向けに客観的立場から書いてみました。もちろん、先生とお兄さんのほうにも、逆に日本の立場に立って考えてみていただきたいです。ミラーです。お互い様です。

私の議論に対し、一部の方は強く反論されるであろうことはよくわかります。たとえば、ネトウヨの方や保守系の方。

敵には手厳しいネトウヨの方は、勝ち残りゲーム式がお好きなんだと思いますが、幸福学によると、優しく調和的で誰にでも親切な方のほうが幸福度は高い傾向がありますので、全体調和モデルを目指していただいたほうが、ご本人を含めて皆の幸せにつながるのではないかと思います。

保守系の方は、なぜか明治に戻りたいと思われるタイプが多いようですが、本来保守は日本の本質に戻りたいという志向性のはずですので、特に明治の神道に戻ることだけを志向するのではなく、本書で述べたような、中心が無である古代からの倭・和の本質を保ち守り、太陽の照らす国日本の本質を目指していただければと願います。

さて、話せばきりがないですが、平和の話はこれくらいにしましょうか。

宗教は統一できるか?

世界の争いに大きく影響していて、解決困難なものの一つに宗教対立があります。

私には秘策があります。もちろん、この秘策をすべての方にご理解いただくのは容易ではないと思いますし、誤解を受けると私も宗教対立の渦中に巻き込まれてしまうのかもしれませんが、述べてみたいと思います。

本書でこれまでも述べてきましたように、日本は、中心に無がある普遍的な価値観を持っています。無常、無我、無私。つまり、我欲がない。邪心がない。こういうあり方を世界に広め、世界を日本化できれば、世界の思想・宗教の統合がはかれるのではないかと思うのです。

そんな無茶な。キリスト教徒にも、イスラム教徒にも、神仏習合の頃の日本の宗教を認めさせるのは、無理だ。そうお思いかもしれません。そうするわけではありません。思想・宗教の統合というと仰々しいですが、世界の思想・宗教の共通理解とでも言いましょうか。

前に、現代科学と矛盾せずに神道を理解する方法の一つは、神とは比喩だと考えることだ、と述べました。簡単ではないのもわかりますが、続けさせてください。

一神教の方に無理強いはしませんが、一神教の神も、比喩と捉えればいいのではないかと思うのです。

たとえば、キリスト教における、神とキリストと精霊。これらは仮に皆、自然の比喩だったとしたら。キリストは、当時の人へのわかりやすさのために比喩として神という言葉を用いていたのだとしたら。「自然＝神＝キリスト＝精霊」です。そう考えると、アニミズムとキリスト教はさほど違いません。仏教の哲学とも、さほど違いません。神に愛されるとは、自然であること。神に召されるとは、自然に帰ること。天国とは、死後に二酸化炭素となって世界を吹き渡ること。意識はなく、もちろん悩みはないですから、幸せです。

他の宗教も同様です。

もう一度述べますが、神を冒瀆《ぼうとく》するつもりはありません。こう考えることが私には一番納得感がありますので、少しだけこれまでと違った解釈を認めませんか、ということです。こう考えることが、宗教間の争いをなくし、平和な世界を構築するための一歩につながる可能性があると考え、みんなの幸せと平和を願って、大まじめに述べているのです。

つまり、本書の科学的世界観、しかも近代西洋に偏りすぎない世界観を、世界中の方にご理解いただけ、世界中の方が現代日本人と同じように、過剰な抵抗を感じずに神と自然のアナロジーを受け入れてくださるなら、人類の悲願であった宗教対立の超越が達成できるのです。どの宗教も正しい。しかし、どの宗教も、無である。無であるから、対立しない。すべて、仲間であり、同じことである。これを世界中の方がご理解くださり、過去の「目には目を」の報復合戦を停止してくださるなら、宗教戦争は終わるでしょう。

以上、日本が宗教対立の解決をリードできると考える理由を述べました。他国と対立的にならない、中心が無の思想を歴史的に持っているから、それを中心にして、世界の思想統合・宗教統合の核になれる。すべては比喩だと考えることによって。穏便に比喩と言いましたが、すべては幻想と言っても、すべては無であると言ってもいいでしょう。

一神教徒の方には、妙な新説を提唱するものだ、と思われたかもしれません。しかし、新説のつもりはありません。仏教では、すべてのものには実体がない（諸法無我）と言われていますから、仏教の考えと同じです。では、仏教を中心に宗教統一したいのか、と反発されそうですが、私の言う仏教は宗教ではなく、思想・哲学。また、前に述べた現代脳神経科学の結果とも整合します。すべては幻想。

これまで、一神教は、自分たちは正しく異教徒は間違っている、と異教徒を否定しがちでした。一面的価値観間の対立です。これに対して、比喩または幻想という視点を導入することによって、どの一神教も正しい、という多元的価値観容認を目指そうと言っているだけです。これまでも宗教間対話は行われていますから、それを少し拡張しただけです。つまり、対立をあおっているのではなく、対立を終わらせたくて述べているのです。

あるいは、無理に「神＝自然」と考えなくても、多元的価値観を認め合うという手も可能でしょう。すなわち、あなたがあなたの神を信じるのも、他の方が他の神を信じるのも、私が神はいないと考えるのも、すべてＯＫ、というやり方。これも悪くないと思います。実際、現在の日本や多くの国ではそういうことになっています。信教の自由。

しかし、このやり方だと、異質な者を理解しないまま共存しているだけなので、根本的な意味でわかり合っているわけではありません。「あっちの考えは間違っていると思うけれども、世界のルールだから我慢して従う」になりがちです。

もしも、もしもですが、神は比喩という考え方や、近代型の論理を超えた多元的価値が、「確かに、私の考えとは違うが、その考え方もわかる」まで理解されれば、これまでよりも世界の思想・宗教の共通理解が進んだ状態に至れると思うのです。

いずれにせよ、宗教間に勝ち残りゲームを導入しようとしたり、「目には目を」の報復を繰り返したりするのはもうやめませんか。人類は、お互い、似ています。神がいたとしたら、争いを望んではいないはずです。敵を愛しなさい。敵を許しなさい。

みんなでみんなのことを考える世界に、みんなの力で変えていきましょうよ。

世界中のみんなの幸せに資するものが善

次に、社会経済システムについて考えてみましょう。

「会社は株主のため」という価値観に対して、「会社は株主のみならず社員や社会のため」という全体調和の視点を追加すれば、今の社会経済システムのまま、新しい社会に対応できることを先ほど述べました。

気になるのは、株式市場や金融市場などの社会経済システムは今のままでいいのかということです。現在は、近代西洋の勝ち残りモデルが前提となって経済・市場システムが設計されているので、そのルールにさえ則っていれば、せこい利己的な利ざや稼ぎも合法です。

しかし、全体調和モデルの理想型を目指すならば、本質的な目的以外の市場の特徴を利用して儲けるのは詐欺まがいと見なされるべきではないでしょうか。なにしろ、社会に何ら富をもたらすわけでもなく、自分だけが儲けているのですから。

また、アダム・スミスは「神の見えざる手」によって市場経済において格差は拡大しないと楽観的な予測をしましたが、残念ながらそれは当たっていないようです。格差の大きい社会では、幸福度が下がる傾向があることが知られています。もしも世界が本書の理想に向かうなら、どこかで現代市場経済自体が見直され、格差の是正が目指されるべきでしょう。

根本的問題は、いかにして、勝ち残りモデルが前提となっている現代市場経済に、皆が合意するようなうまい形で全体調和モデルを取り入れていくか、ということだと思います。

クリスチャンだった新渡戸稲造は楽観的でした。『武士道』の中で、将来、東洋と西洋は一つになるのであり、日本はすでにそれを体現していると述べています。私はそうは思いません。新渡戸が楽観視したほど、武士道と騎士道は似ていないと思います。

前に、「西洋と東洋のチャンポン」の話をしましたが、「西洋と東洋のチャンポン」は新渡戸が思っていたほど容易ではないようです。

現代の日本や欧米の社会経済システムは、近代西洋以来の合理的・進歩主義的・個人主義的な価値観に基づいて構築されてきました。個人の自由と平等のバランスの上に成り立っていると考えられています。しかし、幸せの総和（最大多数の最大幸福）を個人個人の富の総和で測るのは、何か間違っていることがわかってきました。要するに、それぞれが勝手に経済活動をしていれば、全体としてもうまくいく、という楽観論はどうも成り立たないようなのです。

勝ち残りモデルの限界が見えてきた。今の社会経済システムは、別に正しいシステムなわけではない。しかし、他にもっといいシステムがないから、みんな仕方なくそれに従っている。これが悲しい実情なのです。みんな、もっと実情を自覚し、変革のために立ち上がるべきではないでしょうか。

東洋の思想家や古代ギリシャの哲学者が言っていたような、「みんなの幸せに資することが、よりよい社会経済システムである」という価値観に転換すべきではないか。個人に帰着させて考えることが進んだ考えである、という二千年の常識を一度オールクリアして、みんなが調和し共生する社会を、もっと共に目指すべきではないか。これが、本書の切実な主張です。

宮沢賢治は言いました。

「世界がぜんたい幸福にならないうちは個人の幸福はあり得ない」（風間効『理想の教育「農民芸術概論綱要」にみる教育的理想とその思想』リーベル出版）。

全体調和モデルです。これに対する批判を見たことがあります。世界中の「みんな（全体）」の幸せを願うというあり方は、近・現代の個人主義・合理主義から見ておかしい、というものです。まさに、相互協調的価値観は道徳的思考レベルが低いと見なす、相互独立的価値観優勢主義です。

アグネス・チャンの「○○の国の人はみんないい人」という発言が、昔、論争になったこともありました。みんないい人などということはありえず、どの国にもいい人も悪い人もいると。

私も、本書であえて「みんな」という表現を使っています。「みんなの幸せに資することが、よりよい社会経済システムである」と。すでにおわかりのとおり、いい人と悪い人、味方と敵、私が幸せを考えてあげる人と考えてあげない人を分けない、相互協調的な世界観によってこそ、勝ち残りモデルではなく、全体が協調し共生する未来がつくれると考えるからです。

そうなんです。ルールはシンプルです。「世界中のみんなの幸せに資するものが善」。それだけです。

しかも、幸福学には、「お金を自分のために使うよりも、他人のために使う人のほうが幸せ」「社会的課題解決のためのアクションを起こしている利他的な人は幸せ」などの研究結果もあります。

これらから導かれる、簡単な施策があります。世界連邦政府をつくり、世界統一型の累進課税を実施すればいい。所得への課税もいいですが、本質的問題解決を目指すなら、フローよりもストック（資産）への課税のほうが有効でしょう。世界中の大金持ちに課税して、所得再配分をすればいい。金持ちは他人のためにお金を使うのですから、幸せになれます。貧しい人は、格差縮小により幸せになれます。誰も不幸にならない。トマ・ピケティも『21世紀の資本』（みすず書房）で同様のことを述べています。

もちろん、世界連邦政府ワールド・ユニオンの構想は、先ほどの世界連邦運動と同様に困難です。格差拡大の問題は平和の問題と同じ構造をしていますから。まだ世界は共通の制度をつくることに合意するほど信頼し合っていないし、議論も進んでいません。

環境問題も同様です。勝ち残りゲーム式の争いでは解決できませんが、みんなで環境のために痛みを分かち合いましょうよ、と世界共通の環境税を導入できれば、環境破壊撲滅への動きは一気に加速するでしょう。

もちろん、世界連邦軍、福祉税、環境税を扱う世界統一組織をいかに正当かつ効率的に運営するか、という問題は新たに生じるでしょうけどね。競争原理のないところに、無駄や倫理問題が生じるのは世の常です。世界連邦政府が腐敗して独裁化した場合には、世界は平和で幸せどころか、強圧的で不幸な暗黒世界に陥ってしまいます。

だから、現実主義者は、そんな非現実的理想論を描いていないで、現実問題に対処すべきだと言うでしょう。平和の話のときと同様、議論は平行線かもしれません。

しかし、私は声を大にして言いたい。世界は、理想を共有すべきである。疑心暗鬼の人間関係からは、いつまで経っても信頼は生まれません。各国首脳は、「世界中のみんなの幸せに資するものが善」という、国家のエゴを超えた理念を共有すべきです。地方選出の国会議員が、地方の利益の代表者ではなく全国民の代理人であるように（と言っても、その理念が浸透しているかどうかという疑問は残りますが）、各国首脳は各国の利益代表ではなく、地球の未来を共に担う者であるべきです。

各国首脳の皆さん、それから、各種組織のトップの皆さん、あなたの国だけ、あなたの組織だけが幸せな世界ではなく、世界中のみんなが幸せな世界を目指しましょうよ。

生き残る日本

山折哲雄は、『日本文明とは何か』の中で、もしも地球上に危機が訪れたとき、危機脱出手段には二つあると言います。一つは、『旧約聖書』のノアの方舟的な「生き残り」戦略、もう一つは、「我も死に赴こう」と考える「無常」戦略。

ただし、山折は、日本の無常は、ブッダの説いた客観的認識に基づく乾いた無常ではなく、悲哀の情感にひたされた湿った無常だと言います。現実の事象を客観的に把握する原始仏教の哲学的認識と、滅びゆく者の運命に無限の同情の涙を流す情緒的な認識の違いです。

私が表1で力説したことは、山折の言うような、あるいは、倭の国のような無常戦略ではありません。表1の、私が思い描く未来の日本というのは、滅びゆく者の運命に無限の同情の涙を流す情緒的な無常戦略の国だった日本に、仏教のエッセンスを掛け合わせたのみならず、明治維新後百五十年、戦後七十年にわたって生き残り戦略を繰り返し埋め込み続けたもの。これらをミックスしたものが、これからの日本の強い無常戦略ではないかと思うのです。

それが、全体調和モデル。

「自分たちだけ生き残ろう」でもなく、「我も死に赴こう」でもなく、「死をも恐れず、みんなで力を合わせ、みんなのことを考えながら、みんなで一緒に生きていこう」です。

なぜなら、日本の中心にあるのは、現代の最先端科学技術も社会経済システムも含め、さらにそのアンチテーゼも含めて、あらゆるものを雑居させた上での無。

無は、本質的に強い。実は、何よりも強い。なぜなら、前にも述べましたように、死をも恐れないから。無は、死ぬほど強い。なにしろ、生死を超えているんです。無限の生命力、無限の愛です。必要とされるから、生き残る。あらゆるものを飲み込んで。

あらゆるものを飲み込むから、さらに強くなる。生き残り戦略よりも。

生き残り戦略は、農薬だらけの畑や、都市や、工場群です。「我も死に赴こう」と考える「無常」戦略は、うまくいかなかった農場や工場や商業施設かもしれません。どちらも飲み込んだ新しい日本とは、世界の人間模様を有機的に飲み込みながら森に変えていく、したたかで優しいパワーではないでしょうか。

想像してみてください。江戸時代の美しかった日本。それを、都市化し産業化して破壊し尽くしてしまった現代の醜い日本。これに対し、再び日本が豊かな森の国になったとしたら。三百年かけて。もちろん森になるという言葉には、物理的に森林的になるという意味と、比喩的な意味とがあります。

世界で最もサステナブルな国日本はさらに強くなり、世界を優しく包み込んで日本化していく。全体が調和し、共生する世界のために。みんなが幸せな世界をつくるために。

これは、日本の運命であり、必然なのではないでしょうか。

おわりに　～至福の森に棲む～

日の出と日没の時間は、野山を駆け巡るに限る。水平線近くから差し込む柔らかい太陽光が、植物や動物や人をドラマティックに変身させ、あるときはオレンジ色に、あるときはピンク色に染め上げる。

僕はフォトグラファー。具象を抽象絵画のように、ストイックに撮るのがテーマだ。テーマはいつも生命《いのち》。今を生きるということ。

まず、子供のような純粋な好奇心で、美しいものを探す。単にフォルムの美しさではない。そのありようや生き様の美しさ。

ゆっくりと獲物を探す獣のような、ギラギラした野性の心で、探す。見つからないときは、待つ。ただ、待つ。

どんなものも、愛おしいと思いながら見ていると、美しさを見せてくれるものだ。感覚を鋭敏にしてじっと見つめていると、必ず美しいものが見える。理由は簡単。すべてのものは美しいから。

獲物を見つけたら、それが最も美しく見える方向を探す。時間をかけて、執拗に。いかにどん欲に美しさを追求するかが、アーティストの本質だ。涙があふれるほどの感動が得られるまで、動く。妥協はしない。いつまでも。自分が感動しない作品で、他人を感動させられるわけもないからだ。いや、もっと言えば、自分が感動することこそが、フォトグラフィーの目的だからだ。

ああ、これはすごい。そう驚嘆する光景やものや人に遭遇することができたら、はやる心を鎮め、集中する。

落ち着いて。落ち着いて。この時を逃してはならない。

静かに、一眼レフカメラを構え、アングルを選び、最高のバランスで、必要なものだけを、画面にゆっくりと切り取り、息をひそめ、最高に感動しながらシャッターを押す。涙があふれる。至福の瞬間だ。

風景は写真になり、写真は僕になる。僕は、鮮やかな世界になる。

僕だけの枯山水が、愛と平和のメッセージになる。

古来、日本人が楽しんできた自然の美。自然には飽きることがない。なぜなら、自然は僕たちの母。僕は自然の一部である。ここに生まれ、今この現実に遭遇するということ自体の奇跡。僕は、自然のささやかな一部である以外の何ものでもない。今、僕がここに存在するという衝撃。しかも、二度と同じ瞬間には戻れない、切ない刹那。一期一会。だから、はかなく美しいのだ。

自然から切り取ってきた最小限の花を生けるのが華道なら、僕が撮る写真は、最小限の自然から最大限の美を切り取って、その感動を人に伝えること。

夕焼けの三田の山の森を、二時間にわたってさまよってきた僕。自宅に帰ってきて、これからミーティングだ。

今日は、二三一五年のある春の日。三田の丘から眺めると、東京は森の真ん中にある広大な街のようだ。今日、僕は、数々の美しい庭園と公園を横切って、たくさんの写真を撮ってきた。

昔と違い、家々は森の中にひっそりと隠れるように建てられている。日本中が森のようであることを第一に、町が設計されているからだ。なぜなら、自然は自然のままが一番美しいから。そして、人間も他の生物も、そのような中で生きるのが、最も健康で幸せだから。人類も、最近ようやくそんな当たり前のことに気づいたから。

森の中の小さな家。その地下室で、３Ｄ高精細ホログラフィーディスプレーの前に立つと、友人の巨大な立体画像が現れた。アメリカのデュークだ。

「ハイ、デューク。元気？」

最近の遠隔会議システムは高精細。なにしろ、デュークの上半身が、実際の三倍の大きさで、もちろん網膜の解像度以上の高精細で表示されているんだから。要するに、リアル以上にリアル。つまり、リアルの会話よりも、バーチャルな会話のほうがリアルってわけ。

「今日は三田の山から見たこともない夕焼けが撮れたんだよ」

興奮気味に話す僕に対し、デュークは言う。

「それはアンディーも見たがると思うよ」

それでは、と、アンディーも呼び出した。デュークの横には、三倍サイズのアンディーが出現した。会話はもちろん自動翻訳だから、英語でも日本語でもＯＫ。

なぜ三倍にするかって？　リアルやそれ以下の画像でコミュニケーションしている人にはわかりにくいかもしれないけど、三倍くらいに拡大したほうが、笑ったときの表情の動きなんかがよく見えるんだよね。だから、ノンバーバルコミュニケーションの精度が上がるんだ。すべては、よりよい今のため。

僕たちは、今日の僕の写真をどこで使うかについて、三十分ほどリラックスした議論を行った。そして、話はまとまり、別れた。

ちなみに、デュークはリアルのアメリカ人だけど、アンディーはロボット。アンディーは、もちろん、日本八千万人、世界五十億人、つまり、世界中のあらゆる人のニーズも名前も特徴もビジネスも把握している。だから、僕の写真を最も欲しい人が誰だかすぐに教えてくれる。それぞれの人が、プライバシーを公開している範囲内でね。

愉快な時代が来たもんだよ。どこに棲んでいても、世界中の人と瞬時に会える。友達になれるし、ビジネスもできる。平和で、楽しく、幸せな世界。人々はそれぞれに創造性を発揮し、それぞれの最もやりたい仕事をする。昔はかなり画一的な価値基準で人の優劣が測られていたから、自分の取り柄を発見できないまま、やりたくない仕事をしている人もいたと聞くけど、今では、五十億通りの価値基準でそれぞれの人の特徴が把握できているから、世界中の人が何らかの特技で世界一。五十億通りの世界一がいるという世界が実現しているんだ。五十億人が、全員自分らしく生きて、多様な人とつながり、前向きに、健康に生きている世界。信じられる？

世界中の人が、クラウドに管理されている世界なんて気持ち悪いって？　なるほど。人間が未経験のことに対して保守的になる気持ちもわかるけど、三百年前の、何を考えているかわからない他人がたくさんいて、国家間の信頼関係も確立されていなくて、あらゆる情報が錯綜していて、何が真実かわからない中で犯罪や事件が多発した社会より、僕は、信頼できる情報管理により、世界全体が調和し共生する安心・安全な社会が完成している今のほうがいいと思うけどね。強調しておくけど、クラウドが管理しているのはどこにどんな人がいて、どこにどんな情報があるか、ということだけで、創造性は人間に任されているんだよ。世界の五十億人が、創造的に生き、自由に自分らしい未来をつくっていける世界。みんながつながっているから、自分の一つひとつのチャレンジが、より良い世界のために貢献できていることを、地球人一人ひとりが実感できている世界。

しかも、僕たちは、三百年前ほど、情報に依存していない。ハイテク依存が健康によくないことは、何百年も前からの常識だからね。

家を出ると、東京の都心は、見渡す限りの森だよ。風が吹き、鳥が飛び、虫が這い、花が咲き乱れ、川が流れ、魚が泳ぐ。人々は、土の柔らかさを楽しみながらゆっくりと歩き、出会い、会話を楽しむ。そして、自らのはかない生と対峙し、対話する。

かつて、シュリーマンが驚嘆した江戸の町。当時の人類の最高峰だったよね。あれから五百年の時を経て、世界人類があの頃の日本のような豊かな感性と共生を手に入れたなんて、クールだと思わない?

二三一五年春　東京都港区の三田の山にほど近い森の家にて

前野　隆司

「日本論・日本人論・日本文化論に関する参考図書」二十四冊（初出発行年順）

1　新渡戸稲造『武士道』（岩波文庫、一九三八年。初出は一九〇八年）
2　和辻哲郎『日本精神史研究』（岩波文庫、一九九二年。初出は一九二六年）
3　岡倉覚三『茶の本』（岩波文庫、一九二九年）
4　和辻哲郎『風土　人間学的考察』（岩波文庫、一九七九年。初出は一九三五年）
5　鈴木大拙『日本的霊性』（岩波文庫、一九七二年。初出は一九四四年）
6　ルース・ベネディクト『菊と刀　日本文化の型』（講談社学術文庫、二〇〇五年。初出は一九四八年）
7　丸山真男『日本の思想』（岩波新書、一九六一年）
8　中根千枝『タテ社会の人間関係』（講談社現代新書、一九六七年）
9　川端康成『美しい日本の私　その序説』（講談社現代新書、一九六九年）
10　土居健郎『「甘え」の構造（増補普及版）』（弘文堂、二〇〇七年。初出は一九七一年）
11　司馬遼太郎、ドナルド・キーン『日本人と日本文化』（中公文庫、一九九六年。初出は一九七二年）
12　ドナルド・キーン『果てしなく美しい日本』（講談社学術文庫、二〇〇二年。初出は一九七三

年〜一九九九年）
13　九鬼周造『「いき」の構造　他二篇』（岩波文庫、一九七九年）
14　李御寧『「縮み」志向の日本人』（講談社学術文庫、二〇〇七年。初出は一九八二年）
15　河合隼雄『中空構造日本の深層』（中公文庫、一九九九年。初出は一九八二年）
16　オギュスタン・ベルク『日本の風景・西欧の景観　そして造景の時代』（講談社現代新書、一九九〇年）
17　青木保『「日本文化論」の変容　戦後日本の文化とアイデンティティー』（中公文庫、一九九九年。初出は一九九〇年）
18　大久保喬樹『日本文化論の系譜　「武士道」から「『甘え』の構造」まで』（中公新書、二〇〇三年）
19　船曳建夫『「日本人論」再考』（講談社学術文庫、二〇一〇年。初出は二〇〇三年）
20　山折哲雄『日本文明とは何か』（角川ソフィア文庫、二〇一四年。初出は二〇〇四年）
21　内田樹『日本辺境論』（新潮新書、二〇〇九年）
22　宮台真司『日本の難点』（幻冬舎新書、二〇〇九年）
23　小谷野敦『日本文化論のインチキ』（幻冬舎新書、二〇一〇年）
24　清水正之『日本思想全史』（ちくま新書、二〇一四年）

［引用・参考文献］

ジョン・スタインベック『アメリカとアメリカ人』（大前正臣訳、平凡社ライブラリー。二〇〇二年）
孫隆基『中國文化的深層結構』（花千樹出版。二〇〇五年）
原田曜平『さとり世代　盗んだバイクで走り出さない若者たち』（角川ｏｎｅテーマ21。二〇一三年）
ジェイムズ・グリック『カオス　新しい科学をつくる』（大貫昌子訳、新潮文庫。一九九一年）
マイケル・C・ジャクソンほか『ホリスティック・クリエイティブ・マネジメント』（木嶋恭一・中條尚子編著、丸善。二〇〇七年）
吉田敦彦『日本神話の源流』（講談社学術文庫。二〇〇七年）
『宗教年鑑』（文化庁）
『ブッダのことば　スッタニパータ』（中村元訳、岩波文庫。一九五八年）
藤田一照・山下良道『アップデートする仏教』（幻冬舎新書。二〇一三年）
山折哲雄編著『仏教用語の基礎知識』（角川選書。二〇〇〇年）
加藤尚武『現代倫理学入門』（講談社学術文庫。一九九七年）
柏木惠子ほか編『文化心理学　理論と実証』（東京大学出版会。一九九七年）

ツイアビ『パパラギ　はじめて文明を見た南海の酋長ツイアビの演説集』（岡崎照男訳、立風書房。一九八一年）
サミュエル・ハンチントン『文明の衝突』（鈴木主税訳、集英社。一九九八年）
岡檀『生き心地の良い町　この自殺率の低さには理由がある』（講談社。二〇一三年）
古市憲寿『絶望の国の幸福な若者たち』（講談社。二〇一一年）
後藤俊夫『三代、１００年潰れない会社のルール』（プレジデント社。二〇〇九年）
ハインリッヒ・シュリーマン『シュリーマン旅行記　清国・日本』（石井和子訳、講談社学術文庫。一九九八年）
風間効『理想の教育　「農民芸術概論綱要」にみる教育的理想とその思想』（リーベル出版。一九九九年）
トマ・ピケティ『21世紀の資本』（山形浩生・守岡桜・森本正史訳、みすず書房。二〇一四年）
前野隆司『幸せのメカニズム　実践・幸福学入門』（講談社現代新書。二〇一三年）
前野隆司『思考脳力のつくり方　仕事と人生を革新する四つの思考法』（角川ｏｎｅテーマ21。二〇一〇年）
前野隆司『脳はなぜ「心」を作ったのか「私」の謎を解く受動意識仮説』（筑摩書房。二〇〇四年）

前野隆司（まえの・たかし）
1962年、山口県生まれ。東京工業大学卒、同大学院修士課程修了。キヤノン入社後、カリフォルニア大学バークレー校客員研究員、ハーバード大学客員教授、慶應義塾大学理工学部教授等を経て、現在、慶應義塾大学大学院システムデザイン・マネジメント研究科委員長・教授。博士（工学）。専門は、システムデザイン・マネジメント、ロボティクス、幸福学、感動学、協創学など。主な著書に、『システム×デザイン思考で世界を変える　慶應SDM「イノベーションのつくり方」』（編著、日経BP社）、『幸せのメカニズム　実践・幸福学入門』（講談社現代新書）、『思考脳力のつくり方　仕事と人生を革新する四つの思考法』（角川oneテーマ21）、『脳はなぜ「心」をつくったのか　「私」の謎を解く受動意識仮説』（筑摩書房）、『「死ぬのが怖い」とはどういうことか』（講談社）などがある。

幸《しあわ》せの日本論《にほんろん》

日本人という謎を解く

前野隆司《まえのたかし》

2015年 4 月10日　初版発行

発行者　馬庭教二
発行所　株式会社KADOKAWA
東京都千代田区富士見2-13-3　〒102-8177
電話　03-3238-5460（営業）
http://www.kadokawa.co.jp/

編　集　角川マガジンズ
東京都千代田区五番町3-1　五番町グランドビル　〒102-8077
電話　03-3238-5464（編集部）

装 丁 者　緒方修一（ラーフイン・ワークショップ）
ロゴデザイン　good design company
印 刷 所　暁印刷

角川新書

ISBN978-4-04-082023-1 C0295